Und seither lacht die Hyäne

Buschmann-Fabeln

gesammelt von

Fritz Metzger

Skizzen von

Joachim Voigts

Namibia: ISBN 978-99916-40-78-5
Deutschland: ISBN 978-3-936858-55-6

Überarbeitete Auflage: 2008

1. Auflage: 1952
2. Auflage: 1997
3. Auflage: 1999
4. Auflage (Überarbeitet): 2008
5. Auflage: 2009
6. Auflage: 2013

Verlag: Kuiseb Verlag
Postfach 67, Windhoek / Namibia
nwg@iway.na

Bearbeitung: P.C. Ettighoffer
Satz: Conny von Dewitz
Umschlagentwurf: Heike Lorck
Druck: John Meinert Printing, Windhoek

Inhaltsverzeichnis

Und seither lacht die Hyäne...

In der Urzeit sah es ganz anders aus hier auf Erden. Da gab es noch keine Tiere und die Buschleute waren gezwungen, sich nur von Wurzeln und Kräutern zu ernähren. Ach, wie einsam war es damals überall, da noch kein Vogel im Kameldornbaum zwitscherte, da noch kein Perlhuhn über das weite Veld huschte und kein Fisch im Wasser schwamm. Kein Erdmännchen stand zierlich an der Pad, kein Steinböckchen sprang durch den Busch. Den Menschen fiel es recht schwer sich genügend Nahrung zu besorgen. Sie waren müde vom tagelangen Suchen nach Veldkost. Ihr Leben blieb freudlos inmitten der großen Einsamkeit.

Dies sah der liebe Gott und beschloss, den Buschleuten zu helfen.

„Ich werde Tiere erschaffen“, sagte der Allgütige. „Ich werde viele und verschiedenartige Geschöpfe auf die Erde schicken. Dann werde ich den Menschen erlauben, so viele von diesen Tieren zu jagen, wie zu ihrer Nahrung nötig ist. Ja, dies werde ich vollenden!“

Der Schöpfer rief bald diesen, bald jenen Buschmann wieder zu sich, um aus ihm ein Tier zu formen.

„Du heißt Norre“, sagte der Herr zu einem jungen Burschen. „Gut, Norre, mein Junge, du sollst von heute ab ein Kudu sein“.

Und siehe, Norre, der Buschmannjüngling, verwandelte sich blitzschnell in einen Kudu, der in langen Sätzen davoneilte.

„Narri, du bist von jetzt an ein Zebra“, sprach der Herr und streckte seine gebietende Hand aus, und Narri, der Buschmann, bekam blitzschnell helle und dunkle Streifen über dem ganzen Leib, seine Hände und Füße wurden zu Hufen, es wuchsen ihm lange Ohren, sein Scheitel verwandelte sich in eine dunkle, harte Bürstenmähne, die bis zum Rücken reichte, und dann galoppierte das neugeschaffene Zebra auf und davon, dass der Sand nur so stiebte.

„Nanni, komm mal her!“ gebot der Herrgott mit strengem Blick. „Nanni, du hast deinem Vater niemals bei der Feldkostsuche unterstützt, sondern faul im Schatten geruht, während sich die andern in Sonne und Hitze abmühten. Am liebsten liegst du im Sand. Gut, so werde denn von jetzt an eine Riesenschlange, die immer auf der Erde herumkriecht. Stundenlang magst du zwischen warmen Klippen ruhen“.

Kaum hatte der Allmächtige dieses ausgesprochen, da wurde Nanni ein langes, kriechendes Wesen mit dunklen Zeichnungen auf dem Rücken, und die neugeschaffene Riesenschlange kroch eilig davon, um den Herrgott mit ihrer Gegenwart nicht noch mehr zu erzürnen. Dann kam Nuisa, die immer recht fleißig gewesen war und ihren Eltern tüchtig bei der Nahrungssuche geholfen hatte.

„Nuisa, mein Kind, du wirst von jetzt an als munteres Steinböckchen weiterleben", bestimmte Gott, und Nuisa sprang als junge muntere Steinbockricke mit glattem Fell lustig hinaus in die Weite.

Noch viele andere Buschleute wurden verwandelt, sodass es bald nicht mehr einsam war auf Erden, weil es bald überall Tiere gab, Tiere im Busch, Tiere auf den Felsen, Tiere im Wasser, überall sah man verschiedene Arten.

Der Allmächtige überblickte sein Werk und freute sich über das muntere Treiben der vielen Tiere, und er beschloss, nach der Regenzeit den Menschen die Erlaubnis zu erteilen, einige dieser Tiere zu jagen; sie sollten nicht mehr länger auf die geringe Feldkost angewiesen sein, sondern ihren Hunger mit gutem Fleisch stillen. Die Tiere aber selbst wussten nichts von diesen Plänen, sie ahnten auch nicht, dass der Mensch einmal ihr Feind werden sollte. Deshalb genossen sie fröhlich jeden Tag. Überall fanden sie reichlich Nahrung, viel rascher und müheloser, als sie es früher in Menschengestalt gekonnt hatten.

Besonders Nuisa, die jetzt eine muntere Steinbockricke war, lebte in sorgloser Freude. Ihre flinken Beine trugen sie rasch über das Veld, für sie war die Nahrungssuche weiter nichts als ein Spiel; sie äste mühelos im Umherspringen.

Da kam eines Tages der Buschmann Tukwa daher. In seiner Hand trug er den Grabstock, mit dem er nach Wurzeln suchte. Plötzlich erblickte Tukwa die junge, muntere Steinbockricke, die ahnungslos und ohne Scheu bald hier, bald dort ein Gräslein rupfte. Alle ihre Bewegungen waren Schönheit und Anmut.

Dafür hatte Tukwa aber keinen Blick, denn in seiner Seele erwachte eine böse Jagdleidenschaft, und in seinem Munde verspürte er eine wilde Gier nach frischem Fleisch.

„Ha, welch ein schönes und köstliches Wild", sprach er leise vor sich hin. „Ich werde es erlegen; denn günstiger wird mir die Jagd nicht mehr

geboten. Gott hat zwar befohlen, mit dem Erlegen des Wildes bis nach der Regenzeit zu warten, aber was schadet es schon, der Herr ist weit von hier, und die Regenzeit wird heute noch beginnen. Ich werde es heimlich tun, und niemand wird mich bestrafen".

Er erhob seinen Grabstock und schleuderte ihn wie einen Speer gegen die Ricke, die sofort zusammenbrach und ihr Leben aushauchte. Vorsichtig blickte der Buschmann rundum – nein, niemand hatte ihn gesehen! Er lud die Beute, die erste Jagdbeute der Buschleute, auf seinen Rücken und wanderte damit heim zu seiner Sippe. Auf der Pad traf er zahlreiche Leute, die unterwegs zu Gott waren, da sie durch Machtspruch des Schöpfers in Tiere verwandelt werden sollten. Alle freuten sich, endlich das mühselige Menschendasein gegen das viel sorglosere Leben eines Tieres vertauschen zu dürfen, und priesen Gottes Güte.

Als Tukwa ihre Freude sah und ihre Worte hörte, wurde er neiderfüllt, und er beschloss, gleichfalls zum Herrgott zu wandern, um sich in ein Tier verwandeln zu lassen. Zuerst aber wollte er die erlegte Steinbockricke bei seiner Frau abliefern.

Erhitzt und schlecht gelaunt vom langen Marsch kam er endlich an, warf die Jagdbeute zu Boden und murrte: „Warum hat der Schöpfer so viele Buschleute in schöne, muntere Tiere verwandelt und mich nicht? Ich werde hingehen, denn auch ich will ein Tier sein."

Seine Frau erschrak heftig und beschwichtigte ihn: „Unglücklicher, weißt du, was du sprichst? Hier, schau dein Gesicht im Wasserspiegel und erkenne, wie hässlich du bist. Was könnte der Schöpfer aus dir machen? Höchstens ein ganz abscheuliches Tier. Nein, Tukwa, mein Mann, bleibe schon lieber, was du jetzt bist, nämlich ein Mensch".

Das gütige Zureden und Mahnen der Frau fruchtete nicht, denn jetzt wurde der Mann noch eigensinniger, und er schrie: „Ha, wenn ich nicht selbst hingehe und ihm meine Bitte vortrage, so wird er mich nie rufen lassen, und ich werde immer als Buschmann ein schweres Leben fristen müssen".

Noch lange schimpfte und murrte Tukwa, und da fasste er plötzlich einen Entschluss. Er sprach zu seiner Frau: „Ich werde diese Steinbockricke, meine erste Jagdbeute, mitnehmen und sie dem Herrn als Geschenk anbieten, dann wird er mir gewogen sein und mich in ein hübsches Tier verwandeln, ja, das wird er".

Noch ehe seine Frau ihn hindern oder zurückhalten konnte, nahm er die tote Steinbockricke auf seine Schultern und stampfte damit hinaus zu der Wohnung des Allmächtigen. Lange musste er wandern bis zu diesem fernen Ziel, aber endlich hatte er es erreicht und stellte sich in die Reihe der wartenden Buschleute, die alle dem Rufe Gottes gefolgt und hierher gekommen waren, um eine Tiergestalt zu erhalten. Einer nach dem andern trat in die Hütte Gottes und kam schon nach wenigen Augenblicken wieder heraus, sei es als Kudu, sei es als Buschbock, sei es als Zebra, sei es als Hartebeest, sei es als Antilope. Manche krochen auch als Schlangen dahin, und wenn sie auch im Staube leben mussten, so war ihr Leib doch eine einzige schillernde Pracht.

Tukwa bewunderte sie alle mit neiderfüllten Blicken und war sich nicht schlüssig, welche Verwandlung er für sich dem Schöpfer vorschlagen sollte. Vielleicht ein Kudu? Da kam gerade einer heraus, in ein Kudu verwandelt und lief stolz hinaus ins Veld.

„Es gibt sicher doch noch schönere Tiere", sagte Tukwa so laut, dass die andern sich nach ihm umblickten. „Mich wird Gott sicher noch viel prächtiger verwandeln".

Kaum hatte er dies ausgesprochen, da trat aus Gottes Hütte einer, der in einen Strauß verwandelt worden war. Stolz schritt er in wiegendem Gange einher, seine prachtvollen Federn bewegten sich sanft im weichen Winde. Er war sich seiner Schönheit wohl bewusst und breitete seine Schwingen aus, um allen die Herrlichkeit seines Federkleides zu zeigen.

„Schöne Federn, gewiss", bemängelte Tukwa, „aber was macht ein solch großer Vogel mit so kleinen Flügeln. Seht doch nur, Freunde, wie lächerlich sie wirken, und schaut doch nur einmal diesen langen Hals an, der sich biegt und windet wie eine Schlange. Ha, und die hohen, nackten Schenkel, und die langen Krallen an den Zehen! Pfui, nein, so hässlich möchte ich nicht werden. Ich habe ein gutes Mittel, den Herrgott mir gegenüber milder zu stimmen, ich bringe ihm diese Steinbockricke als Geschenk, und er wird aus mir den schönsten aller Vögel machen, vielleicht sogar einen Tukan, der wippend durch die Luft fliegt von einem Kameldornbaum zum andern, hei, das wird lustig sein! Euch alle werde ich auslachen, euch alle!"

Die andern beschimpften ihn: „Du Hässlicher, was sprichst du da in deinem unverschämten Stolz. Du kannst froh sein, wenn du die Schönheit des geringsten aller Tiere erlangst. Wie kannst du dich erkühnen, den Strauß zu verachten! Weißt du überhaupt, wie hässlich du bist?"

Jetzt erschrak Tukwa heftig; denn ähnliche Worte hatte ihm ja auch seine Frau gesagt. War er wirklich so hässlich, so leichtsinnig und so vermessen? Ach, warum hatte er ihren wohlgemeinten Rat in den Wind geschlagen? Ach, wäre er doch lieber zu Hause geblieben! Sollte er nicht noch rasch umkehren? Aber nein, er schämte sich, zudem scheute er den weiten Rückweg durch die Hitze mit der schweren Jagdbeute auf dem Rücken. So blieb er denn, und bald war er an der Reihe und wurde vor den Schöpfer gerufen. Noch ehe Gott den Mund aufgetan hatte, fing Tukwa mit lauter Stimme an:

„Ich bin zu dir gekommen, Allgütiger, damit du mich in ein Tier verwandelst, aber nicht in ein Geschöpf, das bereits auf der Erde herumläuft, sondern in eine ganz neue Gestalt. Damit du meine Bitte erfüllst, habe ich dir hier meine erste Jagdbeute mitgebracht. Nun beweise, dass du aus mir ein sehr schönes Tier machen kannst, diese Steinbockricke soll deine Belohnung sein“.

Der Allgütige blickte Tukwa scharf an, und seine Augen sahen die tote Steinbockricke, die ehedem ein fleißiges Buschmannmädchen gewesen war, Nuisa geheißen. Sein Herz erfüllte sich mit Trauer, aber auch mit Zorn über die Missetat des fleischgierigen, ungehorsamen und anmaßenden Tukwa.

„Du hast mein Gebot übertreten, Tukwa“, grollte der Herr, und seine Stimme war wie der Donner, der die Regenzeit einleitet. „Du hast gejagt, ehe ich dir hierfür die Erlaubnis gegeben habe. Ungerufen erscheinst du vor meinem Angesicht. Deine Anmaßung geht so weit, dass du sogar den Willen Gottes beeinflussen möchtest. Dein Stolz und dein Ungehorsam müssen bestraft werden. Leg dich hin, mit dem Gesicht in den Staub“.

Angstzitternd warf sich Tukwa zur Erde und barg sein Gesicht im Sand, und der Schöpfer warf ein Bündel trockenes Gras auf seinen Nacken und Rücken, griff neben sich in das Feuer, wo ein spitzer Eisenstab glühte. Mit kräftiger Hand stieß Gott die weißglühende Eisenspitze in die Sitzfläche des Mannes, und wiederum grollte die Donnerstimme: „Tukwa, zur Strafe, dass du die arme Steinbockricke getötet hast, ehe dir Jagderlaubnis gegeben wurde, zur Strafe auch für deine Anmaßung sollst du von Aas leben und von dem, was die anderen Tiere verschmähen. Tukwa, du bist von jetzt an eine Hyäne!“

Noch ehe die letzten Worte verrollt waren, rannte der gepeinigte Tukwa als Hyäne davon. Wo er sich sehen ließ, da wichen alle anderen Tiere aus und verachteten ihn, und niemand suchte seine Freundschaft. Ja, selbst der jagdgierige Mensch verschmähte sein Fleisch. Tukwa und seine Nachkommen leben seitdem in der Einöde. Auf Nacken und Rücken tragen sie noch das trockene Gras, das inzwischen zur struppigen Mähne geworden ist, ihr Hinterleib ist verkümmert infolge der Verbrennung mit dem glühenden Eisen, wodurch auch der ekelhafte Geruch entstand, der allen Hyänen als Makel anhaftet.

Wenn die lange Nacht über der Einsamkeit liegt, streifen die Hyänen durch das Veld auf der Suche nach Aas und Knochen und sonstigen Dingen, die von allen anderen Tieren verachtet werden, und weithin klingt schaurig ihr Heulen. Es ist die Stimme des von Gott gestraften Buschmannes.

Tukwa, verachtet sich nun selbst und vor lauter Scham und Gram nicht einmal mehr richtig weinen, sondern nur noch hohnvoll lachen kann er:

„Ach, warum war ich doch so ungehorsam und so überheblich! Warum habe ich mich für besser gehalten als die andern und den Schöpfer mit meinem Ungehorsam erzürnt! Jetzt bin ich verflucht und hässlich, weil ich allzu schön sein wollte. Nachts muss ich meine Wege gehen und mühselig meine Nahrung suchen, ach, ich unglückliche Hyäne – hä-hä-hä-hääá - hi-hi-hi-hiii-äääh!“

Wie Kanjaukua als Schildkröte den Strauß jagen wollte

Da lebte einst ein gewandter Jäger, der Buschmann Kanjaukua. Ihm fiel die Nahrungssuche nicht schwer, und dennoch war er unzufrieden mit seinem Los und beschloss es zu ändern. Er trat vor den Herrgott und sprach: „Allgütiger, verwandle mich in eine Schildkröte, aber bitte in eine ganz große Schildkröte“ .

Der Herr erhörte die Bitte und Kanjaukua war von diesem Tage an verwandelt, und in einem Wasserspiegel sah er sein eigenes Bild, einen kleinen, schlangenartigen Kopf mit einem langen, faltigen Hals, vier plumpe, schuppenbedeckte Beine und einen schweren, bunten Schild auf dem Rücken. „So, nun werde ich besser jagen können“, sagte der verwandelte Kanjaukua. „Meine Beine werden keine Dornen mehr zu fürchten haben, und meinen Kopf werde ich unter den Schild zurückziehen, sobald mir Gefahr droht“.

Sofort brach er auf zum Wildrevier und freute sich schon im voraus auf die reiche Beute, die er zu erjagen hoffte. Nach wenigen Schritten schon befand er sich in einem hohen Gestrüpp, das ihm jede Sicht verwehrte.

„Was ist das hier für eine Gegend?“ murmelte er verdrossen vor sich hin. „Hier kenne ich mich nicht mehr ein noch aus“.

Er wusste nicht, dass er sich nur im einfachen Gras befand, das er früher als Mensch achtlos überschritten hatte, weil es ihm kaum über die Knie reichte. Für ihn als Schildkröte jedoch war es jetzt ein undurchdringliches Gestrüpp. Dennoch wanderte er entschlossen im Gräsermeer umher und suchte unverdrossen nach Spuren. Er musste doch endlich ein Stück Wild aufstöbern! Nach langer Wanderung sah er einen riesenhaften Baum, der seine Äste in das unermessliche Blau des Himmels streckte. Er hob den kleinen Kopf mit den listigen schwarzen Äuglein und konnte sich nicht genug wundern über diesen himmelanstrebenden Baum, der in Wirklichkeit weiter nichts war als ein geringer Kameldornbaum, nur dreimal so hoch wie ein aufrecht stehender Buschmann.

Während er so stand und staunte, raschelte es bedrohlich im Grasgestrüpp. Die Schildkröte, die in Wirklichkeit Kanjaukua war, zog sofort den Kopf unter den Schildbuckel und wartete, und da kam ein flinkes, graues Ungetüm auf vier Beinen, mit spitzer, haariger Schnauze und langem Schuppenschwanz.

„Ha, wer bist du?“ rief die Schildkröte, und das Ungetüm antwortete lachend: „Du erkennst mich nicht, Schildkröte? Siehst du nicht, dass ich eine Maus bin?“ Sprach‘s und huschte rasch davon, dass es im Grasgestrüpp nur so raschelte. Die Schildkröte aber ging weiter ihren mühsamen Weg durch das Gestrüpp und zuckte plötzlich zusammen vor einem schrecklichen Ton, der ihr eisiges Entsetzen in alle Glieder jagte. Vorsichtig schob sie den langen Hals vor und schaute zwischen Halmen hindurch und sah ein schwarzes, gepanzertes Tier, das seine Beine aneinander rieb und diesen durchdringenden Ton erzeugte.

„Hör doch auf mit deinem Geschrei und sag mir, wer du bist“.

Der schrille Ton brach jäh ab, und das schwarze Panzertier antwortete: „Bist du solch ein Neuling im dem Veld, dass du nicht weißt, wie Maulwurfgrillen singen und aussehen? Geh deiner Wege, Schildkröte, und lass mich in Ruh, ich muß weitersingen. Iiiiiihhh-“

Kanjaukua, die Schildkröte, kroch weiter, bis ein tiefes Brummen die Luft erschütterte. „Schon wieder ein Feind“, dachte die Schildkröte und blickte empor und sah über sich in einer riesenhaften Blume eine Veldbiene, die sich um gar nichts kümmerte, sondern emsig Honig trank. Kaum war die Biene weggeflogen, da schütterten und bebten die Halme, und ein gewaltiges Tier mit langen, kräftigen Hinterbeinen, durchsichtigen Flügeln und einem wehrhaften, gepanzerten Körper erschreckte den einsamen Wanderer. Mit langen, zangenförmigen Zähnen nagte das Ungetüm an einem breiten Grashalm, sprang dann mit einem hohen Satz durch den halben Himmel weiter auf einen anderen Halm, dass es ringsum schütterte und krachte, und doch war es weiter nichts als eine Heuschrecke. Alle die kleinen Lebewesen, über die früher Kanjaukuas Fuß achtlos hinweggeschritten war, standen nun in erschreckender Größe vor seinem Gesichtskreis, weil er selbst so klein geworden war. Aber das Wild das man jagen konnte – wo blieb es denn, wo waren sie hingekommen, die Antilopen, die Kudus und die Springböcke? Sie konnten doch nicht einfach spurlos aus den Jagdgründen verschwunden sein. Kanjaukua schüttelte den Kopf und kroch weiter durch Staub und Hitze. Es war gerade die Zeit des hohen Mittags, da alle Tiere sich in den Schatten von Baum und Strauch zurückzogen. Auch die Schildkröte war erschöpft und beschloss zu ruhen, denn sie hatte nach ihrer Meinung eine gewaltige Strecke zurückgelegt. In Wirklichkeit aber war diese Strecke nur wenige Menschenschritte lang. Für die krummen und schwerfälligen Beine der Schildkröte schien es jedoch eine schier endlose Wanderung gewesen zu sein.

Plötzlich sah Kanjaukua eine seltsame Erscheinung. Noch nie war ihm dergleichen vor Augen gekommen. Auf hohen Beinen stand da ein fremdartiges Wild und blickte mit großen Augen in die Ferne. Im ersten Schrecken zog die Schildkröte blitzschnell ihren Kopf unter den Schildbuckel zurück und auch die vier Schuppenbeine wurden rasch eingezogen. Aber dann fasste sie sich ein Herz und pirschte sich vorsichtig heran. Sollte Kanjaukua sich fürchten oder gar fliehen, er, der doch früher als Buschmann sogar Löwen erlegt hatte? Endlich, endlich war er auf eine Beute gestoßen, deren Fang sich lohnte.

Das große Tier blickte nur belustigt auf den kleinen Jäger herab. Es hatte die Schildkröte längst erspäht, wusste jedoch nicht, was es für ein Geschöpf war. Die Schildkröte fasste Mut und lief auf das große Geschöpf zu so schnell sie ihre kurzen, ungelenken Beine tragen konnten. Mit zwei, drei Schritten war das große Jagdwild, ein Strauß, außerhalb der Reichweite, blieb stehen und fragte höhnisch: „He, du plumper Geselle, was willst du von mir?“

„Dein Fleisch will ich, du dummer Langbein!“ rief der gekränkte Jäger und fasste neuen Mut. „Jawohl, dein Fleisch will ich, und nicht nur dein Fleisch, sondern auch dein hübsches Federkleid. Deine schönen Federn sollen mir zum nächsten Tanz ein vielbewunderter Kopfschmuck sein“.

Bei diesen kühnen Worten des kleinen Angreifers erschrak der Strauß. Wer war dieser Freche, der es wagte, solche Reden zu führen? Vielleicht hatte der in seinem Panzerbuckel eine geheime und mächtige Waffe verborgen. War es da nicht klüger, rechtzeitig die Flucht zu ergreifen? Nein, nicht fliehen; ein großer und starker Strauß flieht nicht vor einem kleinen Gegner, und sei der noch so gefährlich.

Da war es schon besser, es vorerst mit List zu versuchen, um den kleinen Helden zu täuschen.

„Mein Federkleid?“ sagte der Strauß und tat ganz verwundert. „Und mein Fleisch, sagst du? Mein Fleisch möchtest du essen? Das kannst du doch gar nicht. Siehst du denn nicht, dass ich gar kein Tier bin? Schau dir doch meine Füße an, sie sind lang und schmal wie die eines Buschmannes. Und meine Federn willst du haben? Ja, siehst du denn nicht, dass sie nur ein Umhang sind wie ihn die Buschmannsfrauen beim Tanze tragen? He, du kleiner Wicht, ich bin doch ein Buschmann. Weh‘ dir, Unglücklicher!“

„Du bist kein Buschmann“, beharrte die Schildkröte. „Du bist ein Jagdwild, und dich will ich töten, dein Fleisch will ich haben und deine Federn, hörst du, dein Fleisch und deine Federn“.

So sprechend rannte sie auf den Strauß zu, der aber mit seinen kräftigen Beinen ausholte und zuschlug, dass die Schläge blitzschnell auf den Schildbuckel niederdonnerten. Rasch duckte die Schildkröte ihren Kopf und fühlte sich wehrlos; denn sie war zu langsam, um sich rechtzeitig in Sicherheit bringen zu können. Endlich ließ der Strauß ab und ging hohnlachend davon.

Kanjaukua aber pirschte nun vorsichtig weiter. Es musste doch endlich ein jagdbares Wild in seine Nähe kommen. Wie er so auf Schildkrötenart dahinkroch und keuchte, weil das Pirschen im undurchdringlichen Grasgestrüpp so mühsam war, hörte er sich plötzlich angerufen.

„Kanjaukua, he du, Kanjaukua, die Riesenschildkröte, wohin des Weges?"

Die Schildkröte blickte umher und sah endlich eine Zwergschildkröte, die herbeieilte, um den großen Bruder zu begrüßen. Ärgerlich wollte sich Kanjaukua abwenden, doch die Zwergschildkröte ließ nicht ab: „So warte doch, großer Bruder, lass uns ein Stündchen hier verplaudern, die Sonne steht hoch im Mittag".

Kanjaukua aber knurrte unwillig: „Habe keine Zeit, kleiner Bruder, du siehst doch, dass ich auf Jagd bin".

„Auf Jagd?" wunderte sich die Zwergschildkröte.

„Natürlich auf Jagd!" antwortete Kanjaukua unwillig. „Soeben erst habe ich einen großen Strauß erlegt, sein Fleisch gegessen und sein Federkleid im Veld versteckt, um es beim nächsten Tanz hervorzuholen".

„Ach, so ein großer Mächtiger bist du", staunte die Zwergschildkröte. „Bleib doch hier und erzähle mir, wie alles geschah, und wie du es fertig brachtest, den gewaltigen Strauß zu erjagen".

Der große Kanjaukua aber stapfte mürrisch weiter und würdigte die winzige Zwergschildkröte keines Blickes. Und er arbeitete sich mühsam durch das Grasgestrüpp, murrte und schimpfte vor sich hin: „Was ist denn heute für ein unglückseliger Tag. Erst jage ich ein Tier, was Beine hat wie ein Mensch und einen Umhang trägt und mich selber in die Flucht schlägt. Was ich sonst noch an Tieren treffe, das ist alles nicht des Jagens wert. Es ist kein richtiges Wild. Nirgendwo sind Spuren zu sehen und das ganze Veld ist plötzlich ein einziges großes und unübersichtliches Gestrüpp geworden. Jetzt begegnet mir noch ein Tier, das mir selber ähnlich sieht, doch viel kleiner ist als ich. Nein, das Jagen taugt nicht mehr für mich. Ach, wär ich doch Mensch geblieben, denn als Mensch konnte ich alles ungehindert jagen, was nicht Buschmann war. Aber ich Unglückseliger war mit meinem Los nicht mehr zufrieden und habe mich in eine Schildkröte verwandeln lassen. Niemals werde ich mehr jagen können, niemals!"

Und Kanjaukua zog den Kopf unter den Schildbuckel und weinte bitterlich und begriff, dass es eine große Unklugheit und ein Unrecht zugleich ist, mit seinem Los unzufrieden zu sein. Jedes Geschöpf muss so bleiben, wie Gott es erschaffen hat, sei es Buschmann, sei es Kudu, sei es Zebra oder Riesenschlange.

Warum das Gnu mit dem Strauß geht

Das Gnu und das Hartebeest waren gute Freunde. Immer sah man sie zusammen im Veld, immer schritten sie Seite an Seite äsend dahin und mittags, wenn die Hitze unerträglich wurde und über der Unendlichkeit die Luft flirrte und zitterte, suchten sie gemeinsam einen Schattenbaum aus, um sich wiederkäuend hinzulegen. Eines Tages, kurz nach der Regenzeit, schritten die beiden wieder hinaus ins Veld. Die Sonne lachte freundlich; ein sanfter Wind milderte ihre Strahlen, und aus der noch feuchten Erde spross das junge, süße Grün. Hei, war das eine Lust zu leben! Überall gab es herrliche Nahrung in Hülle und Fülle, und bald waren die beiden Freunde sattgeweidet. Während nun das Gnu übermütig umher tollte, bald hier, bald dort noch ein Gräslein zupfte oder eine soeben aufgegangene Blume beschnupperte, fing das fleißige Hartebeest an zu arbeiten. Es hatte sich das Fell einer Oryx-Antilope mitgebracht, um sich daraus einen neuen Umhang zu gerben. Emsig arbeitete und knetete es daran, Stunde um Stunde, bis die Mittagszeit kam und mit ihr die große, ermüdende Hitze. Die Sonne saugte das Nass der letzten Regenfälle aus dem Boden und verwandelte es in schwülen Dunst. Auch das spielende Gnu wurde jetzt müde und begab sich zusammen mit dem Hartebeest unter den nächsten Schattenbaum. Es herrschte eine solche Hitze, dass selbst die Mücken, die Zecken und die sonstigen lästigen Quälgeister schliefen. Über der weiten Flur ringsum lag lautlose Stille. Keine Wolke war am Himmel, kein Windchen regte sich. Das Gnu schlief sofort ein, während das Hartebeest unverdrossen weiterarbeitete, weil es seinen Umhang heute noch fertig machen wollte. Schließlich fielen auch ihm die Augen zu. Einige Mal noch versuchte es wach zu bleiben und weiterzuarbeiten, aber bald sank es rückwärts in das frische Gras, das sich herrlich kühl anfühlte und lag mit angezogenen Beinen auf dem Rücken. Das Oryx-Fell entglitt ihm und legte sich wie von ungefähr über seine Knie. So schlief das Hartebeest tief und zufrieden.

Lange dauerte jedoch der Schlaf nicht, denn ein Reiher, der bisher unbeweglich im nahen Vley gestanden hatte, stieß mit seinem spitzen Schnabel gegen einen Frosch und verfehlte ihn. Der Frosch sprang mit lautem Klatsch in das Wasser. Von diesem Geräusch wurde der Würger wach und rief schrill durch die mittägliche Stille. Davon erwachte jäh das Hartebeest. Es hatte gerade von einem Löwen geträumt. Noch traumbefangen sah es vor sich, ja sogar halb über sich, das gelbrote Fell der Oryx.

„Ha, da ist er ja, der Löwe. Ha, jetzt wird er mich fressen!“ schrie es voller Entsetzen. Aber gleichzeitig war es entschlossen, sein Leben teuer zu verkaufen. Mit raschem Griff griff es zum Speer, der neben ihm am Boden lag und stieß blindlings in das gelbrote Fell des bösen Feindes. Aber gleichzeitig schrie es auf vor Schmerz. „Er hat mich gebissen, der Löwe, er hat mich gebissen!“ Noch einmal wollte das Hartebeest mit dem Speer ausholen, da merkte es, dass die Spitze fest in seinem eigenen Knie saß. Nur mit Mühe konnte es die Waffe aus dem eigenen Fleisch ziehen. Nach diesen kurzen Augenblicken des Schreckens war das Hartebeest ganz wach und schämte sich, das es so den Kopf verlieren konnte. Wie war so etwas nur möglich! War da nicht ein Zauber im Spiele? Ganz deutlich hatte es doch den Löwen über sich gesehen.

Vom Geschrei des Freundes war das Gnu wach geworden und überblickte die Lage. „Hahaha!“ lachte das Gnu, „bist du einfältig geworden, liebes Hartebeest. Triffst dein eigenes Knie und hältst das Oryx-Fell, an dem du den ganzen Morgen über so emsig gearbeitet hast, für einen bösen Löwen. Jetzt ist es hin, dein schönes Fell, vom Speer durchbohrt, und niemals wirst du daraus einen Umhang gerben können. Hahaha, wie dumm du bist, liebes Hartebeest!“

„Ich habe aber deutlich den Löwen gesehen“, beharrte das Hartebeest. „Hier kam er plötzlich heran und stand über mir, und als ich mit dem Speer zustieß, da war es plötzlich kein Löwe mehr, sondern nur noch das Oryx-Fell und darunter mein eigenes zerschundenes Knie“.

„Hihihi“, lachte das Gnu voller Spott, „du hast recht, armer Freund, es war ein richtiger Löwe, hohoho - hohoho! Ein ganz gefährlicher Löwe war es, hahaha - huhuhu! Ach, ich ersticke vor Lachen! Ich kann nichts mehr sehen, so laufen meine Augen über – hähähä!“

„Hör doch endlich auf mit deinem dummen Gewieher!“ murrte das gekränkte Hartebeest. „Was ist denn da schon zum Lachen? Ist das etwa Grund zur Freude und zu dummem Gelächter, wenn ein böser Zauber über deinen Freund kommt, das Oryx-Fell in einen Löwen verwandelt und der geschleuderte Speer, der eigentlich den Todfeind treffen sollte, dir in das eigene Knie fährt? Wenn das kein böser Zauber ist, dann erkläre mir doch, was du eigentlich unter Zauber verstehst“.

„Huhuhu!“ lachte das Gnu schallend. „Zauber, sagst du? Du hast geträumt, weiter nichts, nur geträumt, hahaha! Und als du so plötzlich wach wurdest, weil der Würger schrie, hast du das Fell gesehen und den Löwen schon über dir geglaubt und dann zugestoßen mit dem eigenen Speer in das eigene Knie, hihihihihihi! Ach Freund, ich muss mir die Augen wischen, so laufen mir die Lachtränen heraus, hahahaha - hohohoho!“

Das Gnu lachte und lachte und konnte sich gar nicht beruhigen. Immer und immer wieder musste es die Tränen des Lachens aus den Augen wischen, und vom vielen Wischen und Lachen waren die Augen schließlich ganz verquollen, und das Gnu konnte überhaupt nichts mehr sehen.

Noch stundenlang standen sie unter dem Baum und stritten sich, ob es sich um einen Zauber gehandelt hatte oder nicht, und stundenlang lachte das Gnu und wischte sich die verquollenen Augen. Als sie schließlich den Heimweg antraten, weil der Sonnenball bereits hinter den Bäumen verschwinden wollte, bemerkte das Gnu, dass es die Pad überhaupt nicht mehr sah.

,,O weh“, klagte es, und sein Lachen verwandelte sich jäh in Trauer. „Jetzt bin auch ich gestraft, weil ich so schadenfroh war. Ich habe zuviel über dich gelacht, und vom vielen Lachen sind meine Augen geschwollen und fast blind. Die Dunkelheit naht, und bald wird der Löwe mit seinen Frauen heranschleichen und uns an der Wasserstelle auflauern. Du, mein Freund Hartebeest, wirst ihm nicht entfliehen können, weil dein Knie zerschunden ist, und ich werde ihm auch eine leichte Beute sein, weil ich nichts mehr sehe oder fast nichts mehr. Wehe uns, lieber Freund, ich glaube du hast schon recht, es ist ein böser Zauber über uns gekommen. Sieh, die Sonne geht unter, und wir stehen beide hilflos auf der Pad. Wehe uns Armen, wehe uns, wenn jetzt der Löwe kommt!“

Während sie so standen, und das Gnu laut klagte, rauschte es plötzlich hoch in den Lüften, und ein Aasgeier schwebte mit ausgebreiteten Schwingen aus gewaltiger Himmelsbläue herab zu seinem Nistbaum, der drüben im Veld stand, dürr und abgestorben und über und über mit eingetrocknetem Kot bespritzt. Mit seinen scharfen Augen hatte er die beiden Freunde erspäht. Sein Blick ist so mächtig, dass er aus unendlicher Höhe jedes gefallene Wild sofort erkennt. Der Aasgeier empfand Mitleid mit den beiden hilflosen Freunden. Er strich mit ausgebreiteten Schwingen über sie hinweg, baumte auf und rief ihnen zu: „Rähh, ihr Guten dort! Du, das Gnu, und du, das Hartebeest! Hilflos steht ihr da auf der Pad und wisst nicht ein noch aus, weil ihr nicht sehen und nicht

gehen könnt. Rähh, meine Freunde, rähh! Ich will euch helfen. Von meinem Baum herab spähe ich für euch durch die ganze Gegend. Mein Blick dringt über das ganze Veld bis hinter das Rivier, wo eure Grashütten stehen, doch nirgendwo erblicke ich den Löwen. Er ist weit, er jagt mit seinen Frauen auf der andern Seite des Riviers, wo die Brackwasserquellen sprudeln. Ihr könnt also getrost und sicher nach Hause gehen".

„Hab Dank, lieber Aasgeier!“ riefen die Freunde. „Aber wie sollen wir allein bis zu unseren Grashütten kommen? Der eine von uns ist lahm, der andere so gut wie blind“.

„Ich werde euch führen“, sagte eine Stimme aus der rasch beginnenden Dunkelheit. „Vertraut euch mir an, ich bringe euch zum Rivier und in eure Grashütten“ .

Die beiden Freunde schauten überrascht hin und sahen einen Strauß, der sich zu ihnen gesellte und langsam, immer wieder nach allen Seiten sichernd, auf der Pad voraus schritt. So gelangten sie beide sicher und glücklich nach Hause, und seit dem Tag vertragen sie sich alle gut miteinander, die Strauße, die Aasgeier, die Hartebeester und die Gnus. Wer über das Veld wandert, der erblickt überall die Herden der grasenden Gnus und Hartebeester, und dazwischen die Strauße, die mit scharfem Blick ringsum Wache halten und sofort die Annäherung eines feindlichen Wesens melden. Die Gnus aber haben seither verweinte Gesichter und schwache Augen als Strafe für das schadenfrohe Lachen.

Das erste und letzte Meisterstück des Löwen Hamu

Da lebte im weiten Veld ein junger, stattlicher Löwe, Hamu geheißen. Er war größer gewachsen und stärker als seine Brüder, und alle jungen Löwinnen weit und breit blinzelten mit Wohlgefallen nach ihm, wenn er vom nächtlichen Schmause an der Wasserstelle heimkehrte, Pranken und Schnauze noch blutig vom frischen Antilopen- oder Zebrafleisch, um die langen Stunden der Tageshitze unter einem Kameldornbaum zu verschlafen.

Eines Tages beschloss Hamu, seine Sippe und das Jagdgebiet seiner Sippe zu verlassen, um allein auf die Pirsch zu gehen; er fühlte sich ja stark genug, ohne fremde Hilfe auch das stärkste Wild anzuschleichen und zu erlegen. So begab er sich nun auf Wanderschaft und erreichte bald seine neuen Jagdgründe. Alle Tiere, die ihn witterten, flüchteten entsetzt in den Dickbusch, wo sie sich vor seiner Verfolgung sicher wähnten. Hamu hatte unter den Flüchtenden eine schöne, schlanke und hochbeinige Elandantilope erspäht und beschloss, sie zu erlegen. Er hatte sich genau ihr Versteck im Dickbusch gemerkt und schlich nun langsam heran.

Das Eland stand zwischen den Stämmen einer dornigen Buschgruppe. Dies Versteck war für den großen, starken Hamu so gut wie unzugänglich. Dennoch zitterte die schlanke Antilope vor Angst und wagte kaum zu atmen, denn sie sah Hamu, den stattlichen Löwenjüngling, jenseits vom Dornbusch liegen. Zum Glück waren da einige starke Äste, die ihm den Zugang versperrten. Das Eland verharrte regungslos, nur seine großen, feuchten Augen bewegten sich langsam und waren immer starr auf den geduckten Gegner gerichtet, dessen starke Witterung es mit Entsetzen erfüllte. Wird der Löwe jetzt einen kühnen Sprung wagen und das Astwerk durchbrechen? Konnte das Eland überhaupt noch flüchten? Nein, jede Flucht war aussichtslos, denn Hamu war ja ein junger und kühner Springer, dem auch ein Eland nicht entgehen konnte. Hier war es wenigstens durch die dicken Äste geschützt.

Ringsum herrschte Totenstille, weil alle Kreatur entsetzt vor der Löwenwitterung schwieg. Sogar die Maulwurfsgrillen waren stumm geworden, und die Webervögel droben in den hängenden Nestern wagten keinen Laut. Alles schwieg, denn in der Gestalt des Löwen Hamu ging der Tod um.

Der junge Löwe achtete nicht auf die Stille ringsum und das Entsetzen, das er verbreitete, seine ganze Aufmerksamkeit galt der Elandantilope, die er nun erlegen wollte, ja erlegen musste, er ganz allein, nur auf seine eigene junge Kraft bauend, als seine erste und eigene Jagdbeute. Aber wie konnte er das herrliche Wild da drüben, jenseits der dicken Äste, schlagen? Lange überlegte er und betrachtete abwägend Ast um Ast. Und da erblickte er hoch oben eine Astgabel. Dies war die einzige Möglichkeit, das Asthindernis zu überwinden. Mit einem einzigen gewagten Sprung musste er über diese Astgabel hinwegsetzen, und dann war er drüben auf der anderen Seite des Hindernisses und dann, wehe dir, schönes, schlankes Eland!

Hamu duckte sich, holte tief Luft, seine Krallen spannten sich, seine Sehnen wurden hart, und dann schnellte der Löwenkörper empor, machte sich ganz lang und schlank und flog wie ein gelber, langer Blitz durch die Astgabel, und dann gruben sich die Tatzen in das glatte, hellbraune Fell der Elandantilope, die unter dem Anprall zusammenbrach und ihr junges Leben aushauchte. Triumphierend leckte Hamu das Blut auf, das erste Blut einer selbstgerissenen Beute, und dann, die beiden Vordertatzen auf der Beute, brüllte er seinen Erfolg in die schaurige Nacht hinaus: „Uuuhh - haahh - uhh - aah - uh-a-a-a!!“ - -“

Die Tiere ringsum hörten das furchtbare Gebrüll: Es war so entsetzlich, dass die Erde davon dröhnte. Der Löwe aber berauschte sich am Blut seines Opfers und wartete, bis der Morgen graute. Er wollte zurück zu seiner Sippe, und seine Brüder und Schwestern und viele junge Löwinnen wollte er herbeirufen und ihnen stolz seine erste Jagdbeute zeigen: Seht, diese Elandantilope habe ich ganz allein erlegt und schaut euch oben diese Astgabel an. Mit einem einzigen kühnen Sprung bin ich dort herübergekommen, so, und nun versucht einmal, es mir nachzumachen. Alle werden ihn bewundern und keiner wird durch die Astgabel springen können, und alle werden ihn beneiden ob seiner Kraft und Schönheit, und die jungen Löwinnen werden nicht mehr von ihm weichen, sondern bei ihm bleiben und ihm dienen, ja, das werden sie.

Hamu duckte sich zum Sprunge, und wiederum flog sein Körper wie ein gelber Pfeil auf die starke Astgabel zu, aber siehe, jetzt hatte die Kraft nicht mehr gereicht! Der Löwenkörper kam nicht mehr über die Gabel hinweg, sondern blieb darin stecken. Der erste kühne Sprung hatte ihn zu stark geschwächt; außerdem hatte ihn das viele genossene Blut schwerfälliger und träge gemacht.

Nun hing der Löwe eingeklemmt in der engsten Astgabel. Seine Pranken krallten sich in die Rinde des Stammes und zerfetzten das Holz. Vergeblich strengte Hamu seine äußersten Kräfte an, um sich zu befreien und den Körper aus der Astgabel zu zerren, der Baum gab ihn nicht mehr frei, so verzweifelt sich der junge Löwe auch wehrte. Stundenlang kämpfte Hamu um sein Leben. Bald konnte er nicht mehr brüllen, weil seine Lunge zwischen den dicken Ästen eingequetscht war. Ein Röcheln verkündete endlich den angstvoll lauschenden Veldbewohnern, dass ihr gefürchteter Verfolger seinen Stolz und Eigendünkel mit dem Tode büßen musste. Es kam die Nacht und dann wieder der Morgen, und da war es ganz still geworden im Busch; der Löwe regte sich nicht mehr, sein erstes Meisterstück war auch sein letztes gewesen.

Gleich nach Sonnenaufgang kreisten die Aasgeier über dem Veld und riefen: „Räähh! Ihr Freunde, räähh, ihr Buschleute, kommt herbei, räähh, - räähh! Im Dickbusch gibt es reiche Beute, rääh, räh!"

Die Buschleute vernahmen die Rufe der Aasgeier und machten sich auf den Weg, Männer, Frauen und Kinder. Freudig eilten sie herbei in Erwartung eines großen Schmauses. An der Rissstelle angekommen, prallten sie entsetzt zurück: Da hing ein mächtiger Löwe tot in einer Astgabel, als sei er im Sprung erstarrt. Kein Zweifel, der Gefährliche war tot, aber wo lag die vielgepriesene und von den Aasgeiern versprochene Beute? Sie traten neugierig näher, hielten aber den toten Löwen immer noch wachsam im Auge. Und da erblickten sie die erlegte und gerissene Elandantilope. An den Fährten lasen sie den Verlauf der Tragödie, und dann brachen sie das erlegte Wild auf und schmausten unter Lachen und Frohlocken. Unter ihnen befand sich Kademi, ein tapferer und übermütiger Buschmannjüngling. Er griff mutig in die Brusthöhle der toten Antilope, riss das Herz heraus, schwenkte es zum toten Löwen hin und rief unter Lachen: „Schau her, König der Tiere, jetzt verzehre ich deinen Jägeranteil, das Herz der Jagdbeute, den Leckerbissen, der nur dir allein zusteht! Schau her, dummer Hamu, ich beiße hinein in deinen Leckerbissen, ich übertrete das Löwengesetz, und du kannst mich nicht einmal dafür bestrafen, hähä!"

So spottete Kademi und aß das Herz der Elandantilope, und alle bewunderten seinen Mut. Nur einige der Alten wurden ernst und warnten besorgt: „Kademi, Kademi, niemand darf ungestraft die alten Jagdgesetze übertreten. Es ist Buschmannsrecht, es ist aber auch Löwenrecht, dass nur dem Jäger allein das Herz des erlegten Wildes zusteht. Du hast dem Löwen das Herz seines Opfers weggenommen und gegessen. Wehe dir, Kaderni, wenn der Löwe wiederkehrt und sich rächt".

Der junge Buschmann lachte nur über die Sorgen der Alten und aß und aß, und bald war alles Fleisch der Elandantilope gegessen, und die Buschleute entfernten sich, während die Geier niederkreisten, um endlich auch zu ihrem Recht zu kommen. In der Ferne lachte schon die Hyäne, denn sie freute sich auf die vielen Knochen, die man ihr sicher zurückgelassen hatte.

Wiederum brach die Nacht herein, und da ertönte weithin das Grollen der Löwen, die ihren Freund Hamu in seinem neuen Revier aufsuchten und ihn nicht fanden.

Kademi lauschte angstvoll in seiner Grashütte. Immer wieder klangen die schaurigen Rufe der Löwen durch die Nacht. Sie kamen näher, sie klangen bald hier, bald dort. „Jetzt kommen die Löwen, um mich wegen der Übertretung ihrer Gesetze zu bestrafen", flüsterte Kademi, in Angstschweiß gebadet. Aber gleich beruhigte er sich wieder, indem er sich einredete: „Kein Löwe weit und breit war Zeuge, als ich das Herz der Elandantilope aß. Wie konnte die Löwensippe denn wissen, dass gerade ich das Herz verzehrt hatte. Gewiss, es stand mir nicht zu, es war der rechtmäßige Anteil des Jägers. Aber der war ja tot und konnte das Herz nicht mehr essen. Nein, die Löwen suchten mich nicht, sondern nur ihren toten Gefährten".

Während er sich dies einredete und zu seiner eigenen Beruhigung auch glaubte, kam das Löwengebrüll näher. Da sprang Kademi von seinem Lager auf und entfachte zwei große Feuer, denn er hatte soeben ein dumpfes Knurren aus der Richtung vernommen, in welcher der tote Löwe im Baume hing. Vielleicht wussten sie jetzt, dass er, der Buschmann Kademi, das Herz der Elandantilope, den rechtmäßigen Beuteanteil des toten Löwen, gestohlen hatte. Er warf immer wieder trockene Äste in die Flammen, um die Ergrimmten abzuhalten. Endlich, endlich dämmerte der junge Tag herauf und damit kehrte wieder Ruhe in den Busch. Die Nachbarn, beunruhigt durch das ständige Löwengebrüll der verflossenen Nacht, eilten herbei, um nach Kademi zu sehen. Als sie die Erde nach Spuren absuchten, erkannten sie, dass die Löwen trotz der beiden Feuerstöße und der lodernden Flammen bis vor Kademis Hütte gewesen waren, und dort kehrt gemacht hatten.

Der Werftälteste warnte Kademi und sprach: „Sieh die Spuren, Kademi, und hüte dich! Bald wird der Löwe kommen, und dein eigenes Herz fordern für das Herz der Elandantilope".

Kademi aber, der tagsüber wieder voller Mut war, lachte: „Ich fürchte mich nicht, weder vor einem lebenden noch vor einem toten Löwen fürchte ich mich. Und ich werde jetzt ganz allein ins Veld gehen auf Nahrungssuche, und kein Löwe wird mir entgegentreten".

So sprach der Buschmann Kademi, nahm seinen Grabstock und ging allein hinaus ins Veld. Alle schauten ihm nach und priesen seine Tapferkeit, und Kademi wusste, dass sie ihn bewunderten, und dies erfüllte ihn mit Stolz. Wie er so dahinging und bald hier, bald dort mit dem Grabstock im Sande stocherte, kam er zu der Baumgruppe, wo immer noch der tote Löwe hing. „Ei“, rief er spottend hinauf, „du hättest dir auch einen anderen Tod aussuchen können, du stolzer König der Tiere. Warum bist du nicht am Leben geblieben, um dich am Fleisch der Elandantilope zu erfreuen? So hast du dich selbst in den Tod begeben, und ich, ich, der Buschmann Kademi, ich habe deinen Jagdanteil gegessen“.

So höhnte und lachte der Buschmann, und da sah er plötzlich etwas Weißes im Busch glänzen, dicht neben der Astgabel, die dem springenden Löwen zum Verhängnis geworden war. Er ging näher, um es deutlicher zu erkennen, und siehe, es war ein Klumpen Harz, ein verlockender Leckerbissen. Kein Buschmann wird je an solch einem Harzklumpen vorbeigehen, sondern ihn abreißen und verzehren. Kademi schwang sich von Ast zu Ast, um an das Harz zu gelangen. Er packte den Klumpen zuerst mit einer Hand, dann mit beiden Händen, er zerrte und zog daran mit aller Kraft, aber das Harz wollte nicht weichen. Es hing eisenfest am Baum und ließ sich nicht abbrechen. Sollte er jetzt auf diesen Leckerbissen verzichten, nachdem er am vergangenen Tage den seltenen Genuss eines Antilopenherzens verzehrt hatte? Nein, solcher Verzicht wäre beschämend gewesen. Also musste er den Harzklumpen haben. Er zog sich am Ast empor, bis sein Mund in der Nähe des Harzklumpens kam, und dann biss er hinein, mit aller Kraft biss er zu, und seine Zähne drangen tief in das Harz. Er zerrte und zog, doch der Klumpen ließ sich weder lösen noch abbeißen.

„Ich muss es auf andere Art versuchen“, dachte Kademi, „ich muss ein Werkzeug holen, um den Harzklumpen loszuschlagen“. Er wollte seinen Mund öffnen und die Zähne vom Harz lösen, aber siehe, dass Harz ließ seine Zähne nicht mehr frei! Seine Kiefer, seine Mundhöhle waren voll von klebrigem Harz, und der Buschmann begriff, dass er gefangen hing an diesem Harzklumpen, genau wie der Löwe an der Astgabel, keine zwei Armlängen neben ihm.

Er zerrte und zog bis zur letzten Erschöpfung seiner Kräfte. Dann woll te er schreien, um Hilfe rufen, aber seine Mundhöhle war so voll Harz, dass kein Laut mehr herausdrang, und so starb der Buschmann Kademi elend, dicht neben dem elend umgekommenen Löwen.

„Räähh, räähh“, schrien am anderen Tag die Aasgeier und kreisten über dem Veld. „Räähh, rääh, Beute im Dickebusch, aber nur Beute für uns, die Aasgeier!“ Die Buschleute eilten herbei, um zu sehen, was es dort wieder gab, und sie fanden den toten Kademi, gefangen und verendet am Harzklumpen hängend, und der Werftälteste sprach warnend: „Kademi, Kraft und Mut hast du besessen, genau wie der tote Löwe, aber nicht immer genügend Kraft und Mut, um als Sieger aus einem ungleichen Kampf hervorzugehen. Jeder Mensch muss mit seinem Siege zufrieden sein, denn es ist gefährlich, wenn einer das Schicksal herausfordert. Du hast das Herz der Elandantilope gegessen, Kademi, du hattest den Mut, sogar den Löwen um seinen Jagdanteil zu schmälern, aber in deinem Leichtsinn hast du vor lauter Überheblichkeit das Schicksal herausgefordert, aber das darf man nicht, nein, das darf man nie!“

Warum das Warzenschwein nackt läuft

Es war eine schöne, mondhelle Nacht. Die Maulwurfsgrillen lärmten, Fledermäuse waren unterwegs auf Jagd, und weit und breit war kein Löwe zu wittern oder zu hören. Da schlüpfte der Springhase aus seinem Bau, um zu äsen und im Grase zu tanzen, wie es seine Art ist. Er tanzte und freute sich des Lebens, und da kam ein Warzenschwein des Weges, blieb stehen und schaute dem lustigen Springer zu.

„Ei, ei, das nenne ich gelernt", lobte das Warzenschwein. „Du bist sicher einer der besten Tänzer in der Tierwelt".

Der Springhase hielt erstaunt inne und sah den ungeschlachten, groben Burschen an. „Wie sagst du, einer der besten Tänzer der Tierwelt soll ich sein? Du irrst dich, liebes Warzenschwein, ich bin der beste Tänzer weit und breit, und niemand bringt es fertig so zu tanzen wie ich, schau her!"

Übermütig machte er verwegene Sprünge, drehte sich, wendete sich, und alle seine Bewegungen waren Schönheit und Anmut. Das Warzenschwein wunderte sich mit groß aufgerissenen Augen und meinte nach einer Weile: „Du, Springhase, ich möchte auch tanzen lernen. Willst du mir Tanzunterricht geben?"

Der Springhase lachte vergnügt: „Hoho, du willst tanzen lernen? Ja, sag mal, liebes Warzenschwein, was bezweckst du denn damit, warum willst du tanzen lernen?"

„Weil ich auf Brautschau gehen möchte. Weißt du, da drüben, hinterm Rivier, wohnt ein kleines Warzenschweinfräulein, dem möchte ich etwas vortanzen, und deshalb will ich bei dir Unterricht nehmen".

„Soso", meint der Springhase nachdenklich und lächelte verschmitzt. „Du willst also bei deiner Schönen einen guten Eindruck erwecken, nicht wahr?"

„Hm, es ist, wie du sagst", meinte das Warzenschwein etwas beschämt. Der Springhase lächelte und fragte:

„Was willst du mir eigentlich für den Tanzunterricht geben?"

„Verlange, was du willst, lieber Springhase", antwortete das Warzenschwein, und damit hatte es dem lustigen und listigen Tänzer die Möglichkeit gegeben, jede Forderung zu stellen, ob bescheiden oder nicht. Der Springhase überlegte blitzschnell: Was soll ich dem dummen Warzenschwein abfordern? Wer weiß, ob sich wieder eine solch günstige Gelegenheit bietet. Und laut sagte er:

„Einen schönen Fellumhang hätte ich gern".

Da wurde das Warzenschwein verlegen und suchte Ausflüchte. „Meinen Fellumhang willst du haben als Bezahlung für die Tanzstunden? Ist das nicht sehr teuer? Überlege doch bitte selbst".

„Verlange, was du willst, hast du mir erklärt", beharrte der Springhase. „Nun ja, ich verlange deinen Fellumhang und weiter nichts".

„Er ist doch so kostbar, mein Fellumhang, und so schön", stotterte verlegen das Warzenschwein, „und ich kann ihn so schlecht entbehren. Was tue ich ohne meinen Fellumhang, wenn die Regenzeit kommt. Überhaupt, wie sehe ich aus ohne Fellumhang! Sag' doch selbst, wie kann ein Warzenschwein ohne seinen Fellumhang leben und sich vor anderen Tieren sehen lassen? Jeder wird über mich lachen. Gewiss, ich möchte doch so gern das Tanzen lernen, aber nie hätte ich geglaubt, dass du dafür einen so hohen Lohn fordern würdest. Immerhin, wenn es sein muss – – – gut, dann bleibt es dabei: Du wirst meinen Fellumhang bekommen". Diese letzten Worte hatte das Warzenschwein ganz leise und traurig vor sich hingesprochen, sodass selbst der Springhase davon gerührt wurde.

„Ich will ihn ja nur borgen, deinen Fellanzug, weißt du, nur während des Tanzes will ich ihn mir umhängen, und dann sollst du ihn wiederhaben. Wie käme ich dazu, dir dein größtes und kostbarstes Gut abzunehmen. Ich hab' doch wirklich ein gutes Herz. Leih' ihn mir nur, deinen Fellumhang".

„Du bist wirklich ein anständiger und lieber Springhase", sagte das Warzenschwein und war hocherfreut. „So wollen wir es halten. Ich überlasse dir leihweise meinen Fellumhang zum Tanzen und bekomme ihn später wieder, wenn der Tanz zu Ende ist. Damit wären wir nun einig, und ich bitte dich, nun mit der ersten Unterrichtsstunde zu beginnen. Die Nacht ist günstig, weit und breit ist keine Löwenwitterung zu spüren, wir sind also ganz unter uns und ungestört".

„Komm mit", sagte der Springhase und führte das Warzenschwein auf die Tanzfläche unter zwei großen Kameldornbäumen.

„Pass auf, jetzt geht es los“, sagte der Springhase, trällerte ein Liedchen vor sich hin und fing an zu springen. Hei, wie das ging, rechts herum und links herum, und Sprung nach vorn, und Sprung nach hinten, dann wieder Pirouetten in der Luft und allerlei schwierige Tanzfiguren. „Wie du das kannst, nein, das ist ja geradezu ein Wunder! Jetzt glaube ich auch, dass du der beste Tänzer im Reiche der Tiere bist“, lobte das Warzenschwein.

„Gut, du hast ja gesehen, wie es gemacht wird. Jetzt stell‘ dich bitte hierher!“ befahl der Springhase. „Noch weiter vor, hier, bis in die Mitte des Platzes. So, und nun geht's los: Eins – zwei – drei! Tralala trala, tralala, trala! Höher das linke Bein, tralala, trala! Mehr aufrichten! Tralala, trala! Du wackelst ja mit deiner ganzen Speckschwarte, tralala, trala“! Herumschwenken, rascher! Jetzt die Pirouette nach links, und jetzt der Luftsprung, hoch –“

„Uff“, stöhnte das Warzenschwein und ließ sich fallen. „Das sieht doch alles so leicht aus und ist doch so schwer. Wie machst du denn das?“

„Ja, weißt du, liebes Warzenschwein, es ist noch kein Meister vom Himmel gefallen, erst recht kein Tanzmeister. Du musst lange üben, du musst jede Nacht hierher kommen und üben, sonst wirst du niemals ein guter Tänzer sein. So, und nun geht's weiter; wir wiederholen die Übung von soeben –“

„Nein, nein, bitte nicht, lieber Springhase. Es ist mir jetzt einfach unmöglich, noch weiter zu springen. Alle meine Glieder schmerzen, das Kreuz ist wie zerschlagen; ich glaube, ich habe mir beim Fallen innere Verletzungen zugezogen ach, ich komme morgen Abend wieder hierher, dann wird es bestimmt besser gehen“.

Das Warzenschwein verabschiedete sich, und der Springhase ging seinen Geschäften nach, und sprang bald hierhin, bald dorthin, und tat so, wie alle Springhasen tun, bis der helle Tag anbrach. – Pünktlich erschien, wie verabredet, am folgenden Abend das Warzenschwein auf dem Tanzplatz. „Da bist du ja wieder“, sagte der Springhase, „da wollen wir nun jetzt gleich mit dem Unterricht beginnen. Komm‘ stelle dich hierher, ich werde zählen, und du musst genau das tun, was ich anordne“.

„Ach, lieber Springhase“, stöhnte das Warzenschwein, „alle meine Glieder schmerzen noch so sehr von der gestrigen Anstrengung. Ich werde bestimmt keinen einzigen Sprung vollführen können, aber zeige du mir doch deine Tänze, daran werde ich lernen, bestimmt. Was ein so guter Lehrer dem Schüler vormacht, das sitzt sicher und für immer. Bitte, lieber Springhase, tanze du mir etwas vor, ich werde zwischendurch mal versuchen, es dir nachzumachen“.

Der Springhase holte tief Luft, zählte, trällerte ein Liedchen und sprang den Takt dazu, bis er fast nicht mehr konnte. Das Warzenschwein kauerte am Boden und glotzte voller Bewunderung, und manchmal erhob es sich und versuchte selbst einen Luftsprung, der aber jedes Mal in einem unglücklichen Sturz endete.

„Hast du jetzt genug?“ fragte der Springhase.

„Nein, nein“, grunzte das Warzenschwein, „ich kann es ja noch nicht richtig, und mit einem halben Können werde ich nie vor die Augen meiner Auserkorenen treten können. Tanze du noch weiter, lieber Springhase, immer weiter“. Jedes Mal, wenn der Springhase fertig war und aufhören wollte, bettelte das Warzenschwein um einen neuen Tanz, und so ging es weiter, bis der Morgen graute. Als sich das Warzenschwein verabschiedet hatte mit dem Versprechen, am Abend recht pünktlich wieder zu erscheinen, setzte sich der Springhase in das Gras und dachte angestrengt nach:

„Was bin ich doch für ein Dummkopf, dass ich mich von diesem Tölpel an der Hasenscharte herumführen lasse! Ich mühe mich, ich tanze ihm unermüdlich etwas vor, und was habe ich davon? Nur Arbeit weiter nichts. Nein, so darf es nicht weiter gehen, so wird es bestimmt nicht weitergehen“. Während er so nachdachte, sah er den Sonnenball ganz rot über den Horizont emporsteigen und er wusste, dass in der darauffolgenden Nacht ein Gewitter kommen würde, jenes große Gewitter, das die Regenzeit einleitet. „Jetzt werde ich zum Ziel kommen“, jubelte er, „und dem dummen Warzenschwein, diesem Tölpel, den Fellumschlag abnehmen, nicht nur leihweise, sondern für alle Zeiten, solange es Warzenschweine und Springhasen geben wird“. Gleich nach Sonnenuntergang begab sich der Springhase auf den Tanzplatz und grub eine lange Röhre in den lockeren Boden. Den Eingang zu diesem Versteck legte er so an, dass er durch hohe Grasbüschel verdeckt war und vom Warzenschwein nicht gesehen werden konnte. Kaum war er mit der Arbeit fertig, da prustete schon das Warzenschwein daher. Es war keine helle Nacht, sondern eine tiefe Dunkelheit, weil die aufziehenden Gewitterwolken den Mond verdeckten. Nur hin und wieder sah man für kurze Augenblicke die blanke Mondscheibe hinter vorbeirasenden schwarzen Wolken.

„Springhase, wo bist du?“ rief das Warzenschwein.

„Guter Freund, Warzenschwein, hier bin ich“, antwortete der gelenkige Tänzer und sprang mit einem eleganten Satz bis dicht vor das hauerbewehrte Gebreche seines unbeholfenen Tanzschülers. „Heute, liebes Warzenschwein, will ich dir die ganz besonderen Geheimnisse meiner Kunst zeigen, aber hierfür benötige ich deinen Fellumhang, denn es ist ja abgemacht, dass du mir deinen Schmuck leihst, wenn ich ihn zum Tanzen anfordere“.

„Ja, ja, so ist es“, bestätigte das Warzenschwein, zog dienstfertig den schönen Fellumhang aus und legte ihn dem Tanzlehrer um den schlanken Rücken. Dann sprang und tanzte er, aber so sehr sich das Warzenschwein auch anstrengte, es sah nichts oder so gut wie nichts. Nur, wenn wieder einmal die Mondscheibe für drei oder vier Augenblicke durch eine Wolkengasse schien, sah es den lustigen Gesellen, der sich vor Übermut schier überschlug. Immer dichter wurden die Wolken. In der Ferne rollte schon der Donner. Ganz dick und schwer klatschten die ersten Regentropfen nieder. Das ganze Veld roch plötzlich nach Feuchtigkeit. „Lieber Springhase, ich glaube, es ist genug“, sagte das Warzenschwein. „Ich möchte nach Hause gehen. Sieh doch, gleich regnet es. Wirklich, ich muss jetzt nach Hause. Gib mir meinen Fellumhang zurück, ich will gehen“.

„Sei kein Feigling“, mahnte der Springhase, „die paar Wassertropfen schaden dir nichts. Gestern konntest du nicht genug haben von meinem Tanz, und heute habe ich keine Lust aufzuhören. Ich zeige dir jetzt den schönsten meiner Tänze, pass‘ gut auf: eins – zwei – drei – tralala, tralala!“

Der Springhase tanzte und sprang im Kreise herum, und er vergrößerte die Kreise immer mehr und kam so unbemerkt in die Nähe seines Loches. Und da, während erneutes Donnerrollen seinen Schüler erschreckte, huschte er ganz flink in die tiefgegrabene Röhre, gerade zur richtigen Zeit, denn mit einem Male prasselte der Regen herunter.

„Springhase, wo bist du? Springhase, gib mir rasch meinen Fellumhang, Springhase, hör‘ doch, wo bist du, ich muss weg, ich will nach Hause!“ jammerte das Warzenschwein. „Huch, wie schrecklich, jetzt hat es geblitzt, jetzt wieder, und ich stehe hier nackt im Regen! Ach, hätt‘ ich doch meinen schönen Fellumhang! Wo ist er denn, der Springhase?“

Der listige Tanzlehrer aber saß wohlgeborgen in seinem Loch, in den schönen Fellumhang gekuschelt. Er hörte das Jammern des Warzenschweins und lachte darüber: „Was braucht solch ein Tölpel einen so schönen Fellumschlag! Tanzen kann er nicht, dieser Bursche, und er wird es nie lernen. Und diesen Umhang habe ich mir redlich verdient, er hat ihn mir versprochen. Hier sitze ich nun mit dem Umhang, der meine Bezahlung für die Tanzstunden ist, und niemals mehr werde ich ihn hergeben“.

Die halbe Nacht noch irrte das Warzenschwein umher und suchte seinen Tanzlehrer, fand ihn aber nicht. Es kam auch an den Eingang, aber der listige Springhase hatte ihn von innen zugescharrt und versperrt.

„Ach, mein Umhang, mein schöner, warmer Fellumhang!" stöhnte das Warzenschwein, vor Kälte zitternd. Schließlich trottete es traurig nach Hause. Es hatte das Tanzen nicht erlernt und war auch seinen Fellumhang los. Immer wird der Springhase den schönen Fellumhang des Warzenschweins tragen und damit prahlen, und immer wird das Warzenschwein nackt bleiben, nur, weil es einem leichtsinnigen Burschen vertraut hatte. Viel zu spät erkannte es, dass man nicht jedermann sofort sein ganzes Vertrauen schenken darf. Nur erprobten Freunden darf man vertrauen, nicht aber den leichtfertigen Burschen, die darauf ausgehen, die Unerfahrenheit anderer, unwissender und unbeholfener Menschen zu ihrem eigenen Vorteil auszunutzen.

Warum die Buschleute den Tschama-See meiden

Die Regenzeit war ausgeblieben, und der Sonnenball hatte das Veld ausgetrocknet. Nicht ein Tropfen Wasser war mehr in den Vleys. Kudus, Antilopen und Springböcke verdursteten am Rande der Wasserstellen, in deren ausgetrockneten Böden breite und tiefe Risse klafften. Auf den Kameldornbäumen hockten träge die Aasgeier; für sie war Nahrung im Überfluss, soweit ihr scharfes Auge auch reichte. Schakale und Hyänen lagen faul am Fraß. Keiner von ihnen brauchte sich anzustrengen und zu suchen, und die Termiten hielten nachts üppige Mahlzeit.

Durch diese Landschaft des Durstes und des Todes zog der Buschmann Katukwa mit seiner Sippe. Die andauernde Dürre hatte sein angestammtes Jagdgebiet zur Wüste gemacht. Alles Wild, das nicht ein Opfer des Durstes wurde, war in besseres Weidegelände hinübergewechselt. Seit vielen Tagen schon war Katukwa mit seinen Leuten unterwegs. Er musste doch endlich auf Wasser stoßen.

In den Behältern gluckerte noch ganz wenig Wasser, und Katukwa überblickte die ziehende Sippe und warnte: „Trinkt es nicht, das Wasser, ihr Buschleute, spart es euch auf für die Zeit der allergrößten Hitze, glaubt mir, schlürft nicht an euren Behältern, so sehr euch der Durst auch plagt, denn es werden noch lange und gefährliche Durststrecken kommen. Spart mit dem Wasser, ihr Männer, ihr Frauen und ihr Kinder! Hört auf mich, auf Katukwa, den Sippenalten, sonst müsst ihr sterben!"

Die Mittagsglut zittert über dem glühenden Land. Für kurze Augenblicke gestattet Katukwa eine Rast und befiehlt dann den Weitermarsch.

„Wir müssen weiter, ihr Buschleute, immer weiter! Wir müssen heute noch an eine Wasserstelle kommen. Deshalb weiter, immer weiter, trotz der bleiernen Hitze".

„Wasser, Wasser, Wasser!" jammerten die Kinder. „Wasser – Wasser!", stöhnen die Mütter. Wasser – Wasser, denken die Männer, aber sie sagen es nicht, weil ein Buschmann nicht laut stöhnen darf.

Aufmerksam beobachtet Katukwa, der Vielerfahrene, das Land und die Luft. Und endlich sieht er einen Vogelschwarm dahinschwirren, und gleichzeitig erspähen seine scharfen Augen mehrere Wildfährten, die alle in dieselbe Richtung führen. Kein Zweifel, hier in der Gegend muss ein

Vley liegen, eine Wasserstelle für alle diese Tiere, aber auch die Errettung für die verschmachtende Buschmannssippe. Katukwa teilt allen seine Beobachtungen mit, und sie fassen neuen Mut und ziehen mit letzter Anspannung aller Kräfte dahin durch den sinkenden Tag. Der Vollmond geht auf und beleuchtet das Veld, und in seinem Lichte kann Katukwa die Spuren weiterverfolgen. Aber noch bis zum Sonnenaufgang müssen sie wandern, um an das ersehnte Ziel zu gelangen, und da erblicken sie plötzlich, eingeengt zwischen hohen Felsen, einen stillen, tiefen See. Der stahlblaue Himmel spiegelt sich in seiner Fläche. Unheimliche Ruhe liegt bleiern über der Landschaft, als sei dieser See mit seiner ganzen Umgebung verrufen, verzaubert oder ein Ort voller Feindseligkeiten und Gefahren. Aber darauf achten sie jetzt nicht, die müden, halbverdursteten Wanderer. Sie lassen sich in einiger Entfernung vom Wasserspiegel in den Schatten der Bäume fallen, während die Frauen und Mädchen zum See gehen, alle Gefäße mit köstlichem, kühlem Wasser füllen. Dann schmatzen sie alle, und trinken sich satt, und bald hört man nur noch das Schnarchen der Menschen, die zufrieden und glücklich in den tiefen Schlaf der Erschöpfung gefallen sind.

Um die Mittagsstunde haben die Kinder ihren Schlaf schon beendet. Bald dieser, bald jener läuft zum See, um wieder zu trinken und um den Körper durch ein Bad zu erfrischen. Ihr Lachen und Jauchzen weckt auch die anderen Kinder, und bald sind sie alle, aber auch alle, im Wasser und tummeln sich darin wie muntere Frösche. Nur Sieta, ein ängstliches Buschmannmädchen, steht noch am Ufer und wagt sich nicht in das Wasser, so sehr ihre Spielgefährten sie auch locken. „Komm‘ doch herein, hier ist es schön, Sieta, spring von deinem Felsen herab in das Wasser. Hab‘ keine Angst, wir halten dich!“ rufen sie und strecken ihre Hände nach ihr aus.

„Nein, ich gehe lieber Beeren sammeln, dort zwischen den Felsen habe ich eine Stelle entdeckt, wo es viele Beeren gibt“, sagt das Mädchen.

„Ach, du“, tadeln sie von unten. „Hier ist es viel schöner, hier gibt es Krebse und Frösche und allerlei Getier. Komm‘, wir werden es fangen und essen! Hei, wird das lustig sein!“

Während sie so sprechen und lärmen und sich ihres Lebens freuen, brodelt plötzlich das Seewasser wild empor. So mochte es brodeln und spritzen, wenn ein Unwetter mit Sturm über die Seefläche hinwegzieht. Die Luft aber ist ganz still und sonnig. Und da sieht das vor Schrecken erstarrte Buschmannmädchen einen riesigen Schlangenkopf aus den brodelnden Wellen emporsteigen. Der Schlangenkopf hat große, heimtückische Augen, und ihr Blick bannt die badenden Kinder; keins kann mehr entfliehen. Nur noch schreien können sie, und sie schreien mit schriller

Stimme, aber die Schlange lässt sich nicht abschrecken, sondern öffnet einen Rachen, groß und schwarz und unheimlich, wie der Eingang zu einer Felsenhöhle, die einer ganzen Buschmannsippe Unterkunft bieten könnte. So schwimmt das Ungeheuer auf die vor Entsetzen erstarrten Kinder zu und schlürft sie alle, aber auch alle hinein in den dunklen, tiefen, gierigen Schlund. Dann verschwindet das Ungeheuer wieder in der Tiefe des Wassers, und der See liegt still und ruhig, und der blaue Himmel spiegelt sich in seiner riesigen Fläche.

Jetzt erst kann Sieta schreien und weglaufen, und die Erwachsenen wecken: „Die Kinder, die Kinder!" ruft sie, „sie sind alle im Wasser verschwunden. Ein Ungeheuer, eine Riesenschlange, hat sie verschluckt".

Katukwa ruft sofort die Sippe zusammen: „Hört zu, ihr Buschleute", sagt er, „es ist ein großes Unheil geschehen. Auf der Suche nach Wasser sind wir an diesen See gekommen, ohne zu wissen, dass es der von Gott verfluchte Tschama-See ist, in dem die Riesenschlange Kowa haust. Wir haben von seinem Wasser getrunken, und zur Strafe hat das Ungeheuer Kowa die Kinder geraubt. Wir müssen weg aus dieser Gegend, aber zuvor wollen wir noch retten, was zu retten ist. Auf, ihr tapferen Buschmänner, lasst uns die Kinder retten! Vielleicht finden wir sie noch, weil das Ungeheuer Kowa sie auf der anderen Seite des Sees abgesetzt hat und sie dort gefangen hält, um sie nach und nach zu verspeisen. Kommt, wir wollen den See durchschwimmen".

Sie gehen hinab an das Wasser, sie setzen schon ihre Füße in die kühle Flut, sie wollen sich gerade mit dem ganzen Körper hineinwerfen, um hinüberzuschwimmen, da brodelt und zischt das Wasser wieder, und vor den entsetzten Buschmännern steigt die Riesenschlange aus der Tiefe, öffnet ihren Rachen, der groß ist wie eine Felsenhöhle.

„Die Schlange, die Schlange!" schreien sie alle, Männer und Frauen, und laufen zurück ans Ufer. Aber nur wenigen gelingt es, das rettende Ufer zu erreichen. Die andern werden von der ungeheuren Wasserwelle erfasst, hochgehoben und mit einem einzigen Sog in den Rachen des Ungeheuers gespült. Es sind so viele Opfer, dass die Schlange gezwungen ist, einige von ihnen wieder auszuspeien. Mit letzter Kraft gelingt es ihnen, sich ans Ufer zu retten. Unter diesen so in letztem Augenblick geretteten Männern befindet sich auch Katukwa. Er steht am Ufer des Sees, dessen Wasserspiegel wieder ruhig geworden ist und glatt, und nicht ahnen lässt, dass sich in seiner Tiefe das heimtückische Ungeheuer Kowa verbirgt. „Kommt, brecht auf, lasst uns weiterziehen!" ruft er und sammelt die Reste seiner unglücklichen Sippe. Sie hasten und rennen und haben bald den von Gott verfluchten Tschama-See hinter sich. Und überall, wo sie hinkommen, erzählen sie die schreckliche Mär, und durch das ganze Buschmannland verbreitet sich die Nachricht von dem entsetzlichen Geschehen.

So kommt es, dass jede Buschmannsippe von diesem Tage an mit banger Scheu jenen See meidet und niemals am Rande eines toten Wassers lagert. Und wenn zur Regenzeit die Himmelsschleusen geöffnet sind, und das gute Wasser vom Himmel herabströmt, dann denken die Buschleute an das furchtbare Geschehen am Tschama-See, und sie meiden die Nähe der Vleys, weil auch dort eine Gefahr lauern könnte, hinter den niederrauschenden Wassersträhnen. Keiner aus der Sippe des Katukwa hat je geahnt, was sich unter dem sanften Wasserspiegel des Tschama-Sees verbarg; wer kann wissen, was sich heute noch in diesem und in jenem Vley versteckt hält?!

Warum das Stachelschwein geachtet ist

Zu jener längst vergangenen Zeit, da die Buschleute vor den Schöpfer treten durften, um sich in Tiere verwandeln zu lassen, lebte auch ein weitbekannter Jäger. Er besaß das beste Jagdgerät, er wusste, wie man die besten Bogen spannt und die tödlichsten Pfeile schnitzt. Sein Auge war scharf wie das des Aasgeiers; kein Wild konnte sich vor ihm verbergen, überall stöberte er es auf, nichts war sicher vor seiner Jagdkunst. Als er nun vor seinem Schöpfer stand, um in ein Tier verwandelt zu werden, sprach er also:

„Allmächtiger, verwandle mich in ein Tier, das wehrhaft ist. Siehe, ich habe viele spitze Pfeile in meinem Köcher, erlaube mir, sie zu behalten. Mir, dem alten Jäger, wäre es unerträglich, sie abgeben zu müssen".

„Es sei", sprach der Herr, „weil du ein so geschickter, mutiger Jäger warst, sollst du deine besten Waffen behalten dürfen, deine Pfeile, auch in der Gestalt des Tieres, in das ich dich jetzt verwandle. Geh' in Frieden, Buschmann, du bist von nun an ein waffentragendes Stachelschwein".

Der Buschmann, nunmehr in ein Stachelschwein verwandelt, verließ die Grashütte des Herrn und wanderte hinaus in das weite Veld, um in seiner neuen Gestalt neue Jagdgründe aufzusuchen. Da traf er auf der Pad einen Gaukler, der sich nach einem gemächlichen Fluge wieder auf die Erde niedergelassen hatte. Auch dieser Gaukler war einst ein Buschmann gewesen und verwandelt worden. Ihm hatte der Schöpfer erlaubt, seinen Hund zu behalten. Der Hund bellte dies seltsame und unbekannte Wesen, das Stachelschwein heftig an, bis ihn der Gaukler zurückpfiff.

„Was bist du denn für ein unbeholfenes Geschöpf?" sagte er spöttisch zum Stachelschwein. „Du bist hässlich und gar wunderlich anzusehen".

„Und du, warum tust du so stolz?" antwortete das Stachelschwein, „ich sehe wohl, dass du ein Gaukler bist, und an deiner Stimme erkenne ich, dass du früher ein Buschmann warst, genau wie ich. So vernimm denn, ich komme gerade aus der Grashütte des Schöpfers, der mich in ein Stachelschwein verwandelt hat. Was du an meinem Körper siehst, das sind meine Pfeile".

„Ha, du armer, hässlicher Wicht! Was willst du noch mit diesen Pfeilen. Du kannst nicht damit jagen, denn es fehlen dir jetzt die Hände, um einen

Bogen zu spannen und sie abzuschießen. Sie sind dir eher ein Hindernis geworden, diese Pfeile, und bestimmt kein großer Schmuck für deine kleine Person. Sie sind ganz und gar überflüssig, deine schönen Pfeile, obschon sie bunt genug aussehen und auch spitz sind".

„Du redest dumm, lieber Gaukler", antwortete das Stachelschwein mit einem Gefühl stolzer Überlegenheit. „Wenn der Schöpfer mir die Hände nahm, als er mich in ein Tier verwandelte, hat er mir aber doch die Möglichkeit gelassen, meine Pfeile abzuschießen. Aber auch ohne sie abzuschießen, kann ich damit meine Feinde erschrecken".

Kaum hatte er dies gesprochen, so sträubte er seine Stacheln nach allen Richtungen und rasselte damit, dass es ganz furchtbar klang, und der Gaukler und sein Hund entsetzt einige Schritte zurücksprangen.

„Sehr nett!" lobte der Gaukler höhnisch. „Mit deinen Pfeilen klappern, das kannst du. Ich sehe es, mit deinen Waffen kannst du wohl angeben und manches Tier einschüchtern. Aber dir wird es wohl nicht besser gehen als allen anderen Buschmännern, die eine Tiergestalt bekommen haben. Du wirst sie nicht abschießen können, du kannst damit nur einschüchtern, aber niemals gefährlich werden, wenn man dir vom Leib bleibt".

„Da, schau mal hin", sagte das Stachelschwein und drehte sich herum. „Schau hin und staune, wie meine Pfeile an meinem Hinterteil angebracht sind. Sicher und wohlgeordnet, wie früher in einem Köcher. Wenn ich will, kann ich sie alle abschießen".

„Und doch glaube ich es nicht", sagte der Gaukler. „Du willst dich nur wichtig tun". Bei diesen Worten blickte der Gaukler auf seinen Hund, kniff ein Auge zu, und der Hund wusste, was sein Herr sagen wollte: Pack' das dumme Stachelschwein nur an, sollte dieses Augenzwinkern bedeuten. Pack' es an und beutle es tüchtig hin und her, damit dem kleinen Gernegroß das dumme Aufschneiden vergeht.

Der Hund sprang sofort auf das Stachelschwein zu, das wiederholt mit seinen Stacheln rasselte und sich duckte. „Pfeif' deinen Hund zurück, sonst muss ich mich wehren!" rief das Stachelschwein.

„So wehr' dich doch, du kleiner Wicht", lautete die spöttische Antwort, und da schoss das Stachelschwein einige seiner Stacheln ab, genau in das Gesicht des Hundes, der jaulend davonlief. Obschon sein Herr, der Gaukler, ihn zurückpfiff, wagte der Hund sich nicht mehr in die Nähe des

Stachelschweins, sondern wühlte mit seinem Kopf im Sand, um die lästigen Stacheln loszuwerden. Der Gaukler wurde ärgerlich und rief: „Du bist aber ein hässliches Geschöpf, gleich gebrauchst du deine Waffen! Nein, mit dir will ich nichts mehr zu tun haben“. So sprach er und flog auf und davon, während der Hund ihm auf der Pad rasch nachfolgte. Er hatte plötzlich Angst bekommen vor diesem gefährlichen kleinen Vierbeiner, der sogar ohne große Mühe einen gefährlichen Spürhund in die Flucht hetzen konnte. Überall, wo der Gaukler hinkam, erzählte er von der Gefährlichkeit dieses neuen Wesens, Stachelschwein geheißen, und jeder merkte sich dies und kein Tier wagte es, diesen großen Jäger, der nun ein kleines Stachelschwein geworden war, anzugreifen oder gar zu belästigen. Und dies hat sich bis zum heutigen Tage so gehalten und nicht geändert, und daraus ersieht man, dass niemand ein kleines Geschöpf verachten darf, weil man nicht weiß, was es an verborgenen Kräften und gefährlichen Waffen in sich birgt.

Der Mond und der Hase

Über der stillen, nächtlichen Flur schien der Mond und bedeckte alles mit dem silbernen Glanze seines Lichtes. Wie Schattenrisse wiegten sich die Baumkronen im Nachtwind. Die Maulwurfsgrillen sangen, die Nachtschwalben flatterten umher auf nächtlicher Jagd; ihre großen Augen glänzten im Mondlicht. Aus seinem Bau kam der Springhase, sicherte nach allen Seiten, bewegte seine langen Ohren lauschend hin und her, fand, dass alles ruhig war und keine Gefahr drohte und machte Männchen. Der Mond schaute freundlich auf ihn herab und übergoss sein schönes Fell mit silbrigem Licht. Plötzlich stutzte der Hase, denn er hatte eine menschliche Stimme vernommen. Weit und breit war jedoch nichts von einer menschlichen Witterung zu spüren. Woher kam sie denn, die Stimme? „Ich möchte ein Buschmann sein", sagte die Stimme. Der Hase zuckte entsetzt zusammen und wollte schon fliehen, da hörte er nochmals über sich den Seufzer: „Ich möchte ein Buschmann sein". Er blickte empor. Kein Zweifel, die Stimme war von oben gekommen, der Mond hatte diese Worte ausgesprochen. „Warum wollte der Mond denn ein Buschmann werden?" dachte er. Jeder Buschmann ist des Hasen Feind. Man muss ihm abraten, ein Mensch zu werden, denn wer weiß, welch ein gefährlicher Jäger dieser Mond einst werden könnte. So dachte der Hase, und zum Mond sprach er: „Warum willst du ein Buschmann werden, schöner Mond? Du hast es doch so viel besser. Du brauchst nicht zu jagen, du hast es nicht nötig, dir mühselig Veldkost zu suchen, was kümmert dich eine lange Dürre oder gar das Ausbleiben der Regenzeit! Als Mond hast du es doch viel besser!"

„Und doch möchte ich ein Mensch sein", beharrte der Mond, „weil sich die Menschen stetig verjüngen. Gewiss, sie werden alt, sie sterben, aber bald werden sie wieder neu geboren und freuen sich ihres Daseins, ich aber, ich armer Mond – – –"

Der Mond unterbrach seine Rede, denn in diesem Augenblick schob sich eine Wolke vor seine Scheibe. Der Wind trug eine feindselige Witterung heran. Es war ein Schakal, der umherstrich. „Hu-hu-hu-hu – häääääh" jammerte der Schakal zum Monde hin, der gerade wieder durch eine Wolkenlücke schaute. Der Hase hatte einen Haken geschlagen und sich im Dickbusch verborgen. In einer kleinen Lichtung traf er äsende Kudus, die sich um ihn nicht kümmerten. Hier, bei den großen

Buschbewohnern fühlte er sich sicher und geborgen, und der schleichende Schakal würde ihn an diesem Ort nicht zu belästigen wagen. In diesem Augenblick kam der Mond wieder aus den Wolken hervor. Das war die rechte Gelegenheit, die eben unterbrochene Rede fortzusetzen.

„Lieber Mond“, sprach der Hase, „du bezeichnest dich selbst als arm und bedauernswert und möchtest ein Mensch sein, weil die Menschen sich stets verjüngen und ständig wieder neu geboren werden. Das ist aber ein großer Irrtum. Wenn ein Mensch tot ist, wird er in die Erde versenkt. Sein Leib ist dann für immer verschwunden, nur sein Geist schwebt in der Luft und zieht nachts als Gespenst über das Veld“.

Während der Hase so sprach, fielen einzelne Regentropfen wie Tränen herab auf das dürre Gras, dass die schlanken Halme erzitterten. Dann sickerten die Tropfen an den dürren Grasstengeln herab und wurden vom durstigen Sande aufgesaugt. Das klare Wasser des Vleys lag wie ein Spiegel in der Landschaft. Behutsam nahte eine Duiker-Ricke, um ihren Durst zu löschen. Ehe sie aus dem schützenden Dunkel des Busches trat, sicherte sie vorsichtig, aber sie sah nicht die dunkle Menschengestalt, die sich lautlos im tiefen Schatten des Dickbuschs löste. Da schwirrte ein Pfeil. Die getroffene Ricke wollte flüchten, brach aber im Gebüsch zusammen, und da erklang der jauchzende Siegesruf eines Buschmannknaben, der seine erste Jagdbeute erlegt hatte. Er lud die Ricke auf seine Schultern und trat den Heimweg an. Nach dieser Tat, das wusste er, würde die Sippe ihn als Jäger anerkennen und zu den Erwachsenen zählen.

„Ach, wäre ich doch ein Buschmann“, seufzte da der Mond, aber ehe der Hase ihm antworten konnte, nahte eine Meute wildernder Hunde, die einen Kudu hetzten. Die lärmerfüllte Jagd brauste vorüber, und da erst konnte der Hase wieder aus seinem Versteck hervortreten und dem Mond antworten: „Lieber Mond, du weißt ja nicht, wie es hier auf Erden ist. Du stehst hoch über uns und erblickst nur die schönen Dinge. Die schweren Seiten des menschlichen Daseins bleiben dir verborgen. So höre denn: Der Mensch lebt nur weiter in seinen Kindern, und diese Kinder werden größer und leben auch ihre Zeitspanne, und auch sie müssen einmal in die Erde und dort vergehen, und niemals wird ein Mensch als gleiches menschliches Wesen wieder auf der Erde weiterleben“.

„Für den Menschen ist es doch schön zu wissen, dass er in seinen Kindern fortlebt. Ich aber, ich bleibe immer einsam, und deshalb möchte ich ein Buschmann sein“. Der Hase antwortete nicht gleich, denn eine Eule strich vorüber und erschreckte ihn. „Die ersten Menschen“, fuhr er fort, „wussten nicht gleich, dass sie heiraten müssen, damit die Werftsippe sich fortpflanzt. Dies hat ihnen der Schöpfer erklärt: Heiratet, hat er ihnen gesagt, dann werdet ihr Kinder haben, und aus diesen werden einst tüchtige Jäger erwachsen, und es werden immer Jäger sein, solange es Buschleute gibt, und sie werden zu mir kommen und mir das erlegte Wild bringen“.

„Still“, sagte der Mond, „hör‘ doch nur. Da drüben tanzen sie und singen, es ist eine Hochzeitsfeier“.

Der Hase lauschte und hörte die fernen Töne eines rauschenden Festes unter Buschleuten. Die Trommeln klangen, und dazwischen stampften viele Füße den Takt. Hell jauchzten die Stimmen der Frauen und Mädchen, dumpf klang der Gesang der Alten.

„Ja, es ist eine Hochzeit“, sagte der Mond. „Ich sehe eine frischerlegte Duiker-Ricke vor dem Feuer einer Hütte. Daneben steht ein Knabe und bemüht sich unbefangen dreinzuschauen, während sie ihn ob seines Jagdglückes loben. Ach ja, es ist doch schön, ein Buschmann zu sein. Du hast recht, lieber Hase, der Buschmann muss sterben und vergehen, aber er lebt in seinen Kindern weiter“.

„Du bist ungerecht, lieber Mond, wenn du über dein Los klagst“, sagte der Hase, „denn der Buschmann erneuert sich nicht, ich sagte es dir ja schon, er lebt nur in seinen Kindern weiter und mit seinem Geiste, der zum Gespenst geworden ist. Du aber, lieber Mond, du erneuerst dich jeden Monat. Du wirst geboren, wir sehen dich wachsen, du stehst in deiner prallen Fülle am Himmel, und wenn du dann vergehst, ist es nur für kurze Zeit, denn bald bist du wieder da als Kind, als Jüngling, als Mann, immer und immer wieder. Deshalb sei zufrieden mit deinem Los und mit dem, was der Schöpfer dir auftrug, lieber Mond“.

„Jaja, du hast recht, lieber Springhase“, sagte der Mond, „ich sehe es ein, ich darf nicht mit meinem Schicksal hadern, sondern muss es so tragen, wie es ist. Und nun werde ich meinen Traum, einmal Mensch zu werden, endgültig begraben, ja, das werde ich“. Bei diesen Worten schossen dem Mond bittere Tränen aus den Augen, sie rannen über sein Antlitz und sickerten zur Erde herab. Und die silberschimmernden Tränen verteilten sich hierhin und dorthin, über Gräser, über Menschen und Tiere, und die alten Buschleute wischten sich diese Mondtränen, die weiter nichts sind als der Tau der ausgehenden Nacht, von den runzligen Gesichtern und sprachen zueinander: „Er weint schon wieder, der Mond – ja, er weint schon wieder!“

Wie die Buschmannfrauen den Zauber von Schakal und Hyäne brachen

Die Mondnacht war beendet. Schon färbte sich der Himmel; gleich würde die Sonne aufgehen. Zwei verschworene Freunde und Schicksalsgenossen, der Schakal und die Hyäne, streiften durch die Büsche ihrer Behausung zu. Sie waren missmutig; die Nacht hatte ihnen keine Beute gebracht. Nirgendwo hatten sie Aas gewittert. Von einer Wasserstelle zur andern waren sie gewandert, ohne einen Rissplatz zu entdecken. Nun plagte sie der grausame Hunger.

„Vielleicht kann ich im Dickbusch noch einen dummen Hasen erwischen", sagte der Schakal. „Komm', lass uns diesen Umweg machen". Seine Begleiterin brach aber so geräuschvoll durch das Gehölz, dass alles Getier gewarnt war und rechtzeitig flüchtete. Es war also nichts mit der Hasenjagd. Der Hunger aber war stärker. Und da witterten sie plötzlich ein Holzfeuer. Wo es Holzfeuer gab, da waren Buschleute nicht weit, und wo Buschleute hausen, da wird es auch sicher Knochen geben, wenn nicht gar Teile einer noch nicht ganz verzehrten Jagdbeute. So dachten die beiden Räuber und pirschten vorsichtig heran. In einer Lichtung fanden sie eine Buschmannwerft, aber weit und breit war kein Mensch zu sehen, und vor den Hütten waren die Feuer heruntergebrannt und zum Teil bereits erkaltet. Von Fleisch und Wild keine Spur, nur Knochen lagen umher. Die beiden Spießgesellen untersuchten die Spuren im Sand: „Aha", sagte die Hyäne, „schau' her, Schakal. An der Spur hier kannst du erkennen, dass die Buschleute alle zur Jagd gegangen sind. Vielleicht werden sie bald zurückkehren, deshalb lass uns eilen".

„Es ist, wie du sagst", sagte der Schakal. „Deshalb lass uns rasch wieder nach Nahrung suchen und verschwinden".

„Schau nur die Knochen hier", tat empört die Hyäne, „ganz und gar abgenagt sind sie, nicht einmal ein Stückchen Fleisch haben sie drangelassen, diese gierigen Menschen. So werde ich mich denn mit diesen Knochen begnügen". Mit ihrem starken Gebiss nagte sie die Röhrenknochen entzwei, und da vernahm der Schakal ein Flüstern in einer der Grashütten. Er rief die Hyäne, und sie gingen beide hinein, und sie fanden dort einige Buschmannkinder, die man zurückgelassen hatte, weil sie zur Jagd noch zu jung und zu schwach waren. Die Buschmannkinder waren wach geworden vom Krachen der Knochen und vom Gespräch zwischen den beiden Spießgesellen und fürchteten sich.

„Ha!“ sagte der Schakal, „da seid ihr ja, ihr kleinen Buschmannskinder. Wo sind denn eure Eltern? Weilen sie hier in der Nähe?“

„Was willst du von unseren Eltern?“ fragten die Kinder.

„Och – gar nichts“, antwortete der Schakal lächelnd.

„Ich wollte – ja, ich wollte sie eigentlich nur mal besuchen, nur besuchen, weiter nichts“. Die Hyäne war ärgerlich, weil alle Knochen säuberlich abgenagt waren, und böse starrte sie die Kinder an, und schrie den Verängstigten entgegen: „Pfui, Menschen wollt ihr sein, hässliches Gewürm seid ihr! Ihr seht eher Gespenstern als Menschen ähnlich“. Dabei verzerrte sich ihr Gesicht zu einem bösen Grinsen, und ihr widerliches Lachen dröhnte in der Hütte und ließ die Kinder erschauern.

„Wir sehen so aus wie unsere Eltern aussehen“, antworteten die Kinder furchtsam aber gleichzeitig tief gekränkt. „Niemand kann sein eigenes Aussehen bestimmen, wir nicht und ihr auch nicht“.

„Eure Rede ist frech und unverschämt, ihr hässlichen Buschmannsgespenster“, sagte die Hyäne. „Erzählt nur ruhig euren Eltern, dass wir hier waren und euch so hässlich gefunden haben. So, und weil ihr so hässlich seid, nehme ich euch noch diesen Knochen weg, es hängt wenigstens noch etwas Fleisch dran“. Damit nahm die Hyäne einen großen Röhrenknochen, den sich die Kinder beiseitegelegt hatten, um daran zu nagen. Hohnlachend verließ sie die Hütte und die Werft, und der Schakal begleitete sie. Kurz danach kamen die Buschmanneltern von der Jagd in die Werft zurück, und die Kinder erzählten ihnen, was geschehen war.

„Das ist eine schwere Kränkung“, sagten die Eltern. „Wir werden die beiden Spießgesellen zu einem Kampfe herausfordern“.

Die Buschmannkinder hatten einen älteren Bruder, Nuissa geheißen, der schon ein tüchtiger Jäger war und obendrein die Gabe besaß, sich durch Zaubern in einen Steinbock zu verwandeln. Dieser Buschmannjüngling liebte die schöne Tochter des Schakals und der Hyäne. Alltäglich verwandelte er sich in einen Steinbock und begab sich zur Höhle seiner Freundin. Als er am Abend dieses Tages wieder von der Brautwerbung heimgekehrt und seine menschliche Gestalt angenommen hatte, hörte er die Reden seiner Brüder und aller Männer der Sippe. „Wir werden gemeinsam in die Höhle von Schakal und Hyäne gehen und die beiden Spießgesellen töten", sagten die Buschleute. Diese Nachricht erfüllte den Buschmannjüngling mit Entsetzen, denn nun war ja auch das Leben seiner Geliebten, der Tochter von Schakal und Hyäne, in Gefahr. Er trat zurück in den Busch, verwandelte sich wieder in einen Steinbock und lief zur Höhle um dort alles zu erzählen und seine Freundin zu warnen. So erfuhren Schakal und Hyäne, was ihnen bevorstand und konnten sich richtig auf den Kampf vorbereiten. „Was ist das schon, solch' ein Kampf mit Buschmännern", höhnte der Schakal. „Die Menschen sind schwache Geschöpfe. Mit deinem Gebiss, liebe Hyäne, kannst du sie in die Flucht jagen, oder ihre Knochen zermalmen".

„Ich weiß was wir tun. Wir warten nicht bis sie kommen, sondern treten ihnen jetzt schon entgegen". Und so geschah es auch. Sie stellten sich mitten in die Werft und schrien herausfordernd: „Kommt doch her, ihr hässlichen Menschen, wir sind hier!" Die Buschleute traten aus ihren Hütten und riefen: „Ha, da seid ihr ja! Jetzt werdet ihr eure Beleidigungen schwer büßen. Ihr habt uns und unsere Kinder herabgesetzt, das werdet ihr büßen!" Der Schakal stürmte mit gefletschtem Gebiss auf die Buschleute zu, doch diese erhoben ihre Grabstöcke und schlugen auf ihn ein, dass der Schakal sofort umkehrte und das Weite suchte. Nicht genug, die Buschleute stürzten sich jetzt auf die langsame Hyäne, die noch unschlüssig da stand und schlugen sie mit den Knüppeln, so sehr sie auch mit ihrem gefährlichen Gebiss drohte und prügelten sie so lange, bis sie halbtot liegen blieb. Dann gingen die Buschleute wohlgemut wieder in ihre Hütte zurück. Die Hyäne erholte sich langsam und humpelte mühsam nach Hause, wo der Schakal längst eingetroffen war und sich von seiner Tochter bedienen ließ.

„Du bist mir aber der richtige Mann!" schrie die Hyäne. „Feig bist du weggerannt, statt gegen die Buschleute zu kämpfen oder mir Hilfe zu leisten. Jetzt bin ich wirklich zerschlagen, alle meine Glieder schmerzen, und nur du bist Schuld daran, nur du!" Noch lange klagte die Hyäne, und ihr Heulen klang schaurig über das Veld. Endlich legte sie sich nieder und schlief ermattet ein. Da erschien ein altes Buschmannweib vor der Höhle der beiden Spießgesellen und rief: „He da, ihr beiden, he du, Hyäne, und du, Schakal! Ich bin gekommen, um von euch eure Tochter als Weib für meinen Sohn zu erbitten".

„Wer bist du eigentlich?" fragte der Schakal, „und wie heißt dein Sohn?"

„Ich bin die Mutter des Buschmannjünglings Nuissa, der eure schöne Tochter liebt".

„Ha-ha! Du bist die Mutter des Nuissa? Du bist die Buschmannsfrau aus der Sippe, die mich misshandelte, ja, fast totschlug?" schrie die Hyäne und lachte grimmig dazu: „Hähähä! Und du wagst es, vor mein zerschundenes Antlitz zu treten? Das wirst du mit deinem Leben bezahlen, du hässliches Weib einer hässlichen Buschmannsippe. Und dein Sohn wird niemals unsere schöne Tochter freien". Sie sprangen auf, schlugen auf das arme Weib ein, bis es tot niederfiel. Dann schleppten sie die Leiche vom Eingang ihrer Höhle weg und begruben sie in einem Erdschweinloch.

Indessen saß Nuissa, der Buschmannjüngling, in seiner Hütte und wartete ungeduldig auf die Rückkehr der Mutter. Er wartete und wartete und schließlich fielen ihm die Augen zu. Als er dann erwachte, begab er sich auf die Suche nach seiner Mutter. Er folgte der Fährte, die zur Höhle von Schakal und Hyäne führte. Dort angekommen, rief Nuissa, der starke Buschmannjüngling hinein: „He, ihr Spießgesellen, Schakal und Hyäne, wo ist meine Mutter geblieben?"

„Deine Mutter?" taten sie verwundert und höflich, weil sie sich vor seinen Waffen fürchteten. „Wir haben deine Mutter nicht gesehen".

„So, ihr habt meine Mutter nicht gesehen!" sagte Nuissa erbost, und blickte auf die Spuren. „Dann will ich euch sagen, wo ihr meine Mutter hingetan habt, ihr Mörder!" Er folgte der deutlichen Fährte und kam an das Erdschweinloch, grub seine Mutter aus und hauchte ihr wieder Leben ein. Dies konnte er, weil er über einen großen und mächtigen Zauber verfügte. Die beiden Missetäter sahen es und fürchteten sich vor ihm. Sie waren heilfroh, als er endlich wegging, ohne sie für ihr Tun bestraft zu haben.

Tags darauf kam das alte Weib wieder an die Höhle und forderte erneut die schöne Tochter von Schakal und Hyäne zur Frau für ihren Sohn Nuissa.

„Da bist du ja schon wieder, du alte, hässliche Buschmannhexe!" riefen die beiden Gesellen und schlugen wieder auf die Alte ein, bis sie sich nicht mehr rührte. „So, jetzt ist sie endlich tot, jetzt wird sie nicht mehr lebendig, und der Sohn Nuissa wird sie auch nicht mehr finden können". So sprechend, schleiften sie die Tote weit ab und vergruben sie ganz tief. Aber Nuissa, der zaubermächtige Jüngling, kam und fand die Leiche seiner Mutter. Er grub sie aus und hauchte ihr wieder Leben ein.

Ein drittes Mal sollte die Mutter nun losgehen, um für ihren Sohn zu werben, aber sie ging nicht mehr in die Höhle von Hyäne und Schakal, sondern zu einer benachbarten Buschmannsippe und wählte dort ein tüchtiges Weib für ihren Sohn. Sie brachte ihm das junge Weib und sprach: „Hier, mein Sohn, diese ist jetzt deine Frau. Nimm sie und vergiss die schöne Tochter der bösen Tiere in jener Höhle“.

Der Buschmannjüngling nahm das junge Mädchen zur Frau, aber dennoch konnte er die schöne Tochter der bösen Tiere in jener Höhle nicht vergessen, und eines Nachts verließ er die Grashütte und blieb den ganzen Tag über verschwunden. Am Abend tauchte er wieder auf und tat, als ob nichts geschehen wäre. Er legte sich schlafen, denn er wollte am nächsten Morgen vor Tagesgrauen wieder zu seinem Stelldichein mit der schönen Tochter der beiden Tiere. Da beschlossen die beiden Frauen, die junge Frau und ihre Schwiegermutter, den bösen Zauber zu brechen. Sie warteten in der Grashütte, und als sich der Mann zu früher Stunde heimlich entfernen wollte, um draußen wieder die Gestalt des Steinbocks anzunehmen und zu seiner Geliebten zu eilen, hielten sie ihn beide mit aller Kraft fest. So sehr er sich auch wehrte, sie klammerten sich an ihn und ließen ihn nicht los, und da zeigte sich schon das erste Licht im Osten, und kurze Zeit darauf war die Sonne da, und damit war die Zauberkraft gebrochen und für immer unwirksam geworden.

Niemals mehr kehrte Nuissa, der Buschmannjüngling, zu der Höhle zurück, in der Schakal und Hyäne hausten, zusammen mit ihrer schönen, jetzt aber einsam gewordenen Tochter. Und niemals mehr hat es je ein Zusammenleben gegeben zwischen den Kindern von Buschleuten und den Kindern von Tieren.

Wie der Große Zauberer für seine Schelmenstreiche bestraft wurde

Da lebte im Buschmannland ein Zauberer, den sie weit und breit nur den „Großen Zauberer" nannten, weil er gar mächtig war. Dieser Große Zauberer streifte am liebsten durch die Gegend und verübte Schelmenstreiche an Menschen und Tieren. Er hatte die Macht, jegliche Gestalt anzunehmen, sei es Mensch, sei es Tier. Am liebsten jedoch wandelte er als Mensch herum; in dieser Maske konnte er sich den Tieren am leichtesten nähern. Sie alle waren ja selbst vor kurzem noch Menschen gewesen. Obschon sie ihr menschliches Aussehen verloren hatten, fielen sie alle immer wieder gern in menschliche Gewohnheiten zurück, handelten und dachten wie Menschen und erlebten Lust und Leid.

Eines Tages war der Zauberer ganz übermütig und beschloss, irgend einen Streich auszuführen. Wie er so seine Pad wanderte und sich irgendeinen Schelmenstreich ausdachte, kam er an der Hütte der Puffotter vorbei. Das Puffotterpaar war nicht zu Hause, er wusste es, denn er hatte sie beide soeben auf der Veldkostsuche getroffen. Als er nun in die Hütte trat, sah er, dass noch Glut in der Asche des Feuerplatzes war. Die Schlangen hatten sich gerade vor dem Weggehen ihr Frühstück bereitet. Der Große Zauberer blickte umher und sah in einer Ecke einen schönen Vorrat an saftigen Uintjies (kleine Zwiebeln) liegen. „Diese herrlichen frischen Knollen kommen mir gerade recht", dachte der Zauberer. „Ich werde sie rösten und essen. Und dies wird mein Schelmenstreich sein, und die Puffottern werden heimkehren und nicht wissen, wo ihre herrlichen Knollen hingekommen sind. Welch' ein köstlicher Spaß, hahaha!"

Der Große Zauberer hockte sich an die Feuerstelle und fing an, Uintjies zu rösten. Da hörte er plötzlich neben sich ein dünnes Rascheln und sah zwei kleine Puffottern, die Kinder des Puffotternehepaares. Die kleinen Ungeheuer waren vom Geruch der röstenden Knollen wachgeworden und sperrten hungrig die Mäuler auf.

„Ei, ei, ei, da sieh mal einer an", sagte der Große Zauberer, „was seid ihr für hungrige Puffotterchen! Da sind eure Eltern weggegangen und haben euch allein gelassen, und ihr hungert, derweil Vater und Mutter auf Veldkostsuche sind. Wartet, ihr Kleinen, ich will euch füttern. So, passt mal gut auf: Diese frisch geröstete Knolle ist für dich, und diese da ist für dich! Ei, wie lecker!"

Die kleinen Schlangen rissen die hungrigen Rachen noch weiter auf, und der Zauberer führte die beiden Uintjies langsam an ihren Nasen vorbei in seinen eigenen Mund, zerkaute sie, genoss sie, schluckte sie herunter und sprach dann zu den kleinen Schlangen: „Na, ihr süßen Kleinen, es hat euch doch gut geschmeckt, nicht wahr? Weil ihr so brav seid, Kinder, sollt ihr noch einmal leckere Uintjies haben. Seht euch mal diese beiden an, frisch geröstet, huh, wie fein sie duften, hm, hm, hm, das ist aber etwas Gutes. Sperrt eure Mäuler ganz, ganz weit auf".

Genau, wie die beiden ersten Knollen, so führte der Große Zauberer auch diese beiden in seinen Mund, zerkaute sie und schluckte sie mit allen Zeichen des Wohlbehagens hinunter. „So ist's recht, liebe Kinder", lobte er, „ihr müsst immer brav Uintjies essen, denn Pflanzenkost ist sehr gesund für euch, o ja, wirklich, sie ist sehr gesund!" So sprechend, kramte er in dem Vorrat, suchte die schönsten und saftigsten Knollen heraus, röstete sie und bot sie wiederum den kleinen Schlangen an, und zum dritten Mal entzog er ihnen den Genuss, gerade in dem Augenblick, in dem sie in die Knollen zu beißen wähnten.

„Jaja, ihr müsst immer tüchtig essen, Kinder, denn, wer nicht isst, kann auch nicht groß werden, und ihr wollt doch einmal als ganz große Puffottern über das Veld kriechen, so ist es doch, nicht wahr?" So neckte der Große Zauberer die armen kleinen Puffotterchen, und immer wieder ließen sie sich täuschen und sperrten ihre Mäuler auf. Das ging so den ganzen Morgen über, bis der große Vorrat an leckeren Uintjies aufgebraucht war. Der Zauberer hatte ihn ganz allein verzehrt. Nun aber galt es, hinauszugehen, denn um die Mittagsstunde, das wusste der Große Zauberer, würden die Puffottereltern zurückkehren. Es gelüstete ihn nicht mit ihnen zusammenzutreffen.

„Auf Wiedersehen, ihr lieben Puffotterkinderchen" , sagte er und strich den Kleinen über die glatten Schlangenköpfchen, „ich habe schon lange nicht mehr einen solch angenehmen Morgen verlebt. Wirklich, es war mir eine Freude zuzusehen, wie fleißig ihr die nahrhaften Uintjies gegessen habt. Morgen komme ich wieder, ihr lieben Kinder, morgen um die gleiche Stunde. Auf Wiedersehen, ihr lieben Puffotterchen".

Mit diesen Worten verließ der Große Zauberer die Grashütte und schritt lachend über die Pad seiner eigenen Hütte zu. Währenddessen kamen die Puffottereltern von der Veldkostsuche zurück, und sie fanden ihre beiden Kleinen hungrig neben dem erloschenen Feuer und dem leeren Vorratsack.

Die Kleinen erzählten alles, wie es sich zugetragen hatte und berichteten genau, wie der Große Zauberer sie genarrt und ihnen die leckeren Uintjies von den hungrigen Mäulern weggenommen und selbst verzehrt hatte. Die Puffottereltern vernahmen es mit großem Zorn und beschlossen, den Zauberer dafür zu bestrafen.

Am andern Tag versteckten sich die beiden großen Puffottern in der Hütte, anstatt auf Veldkostsuche zu gehen. Sie lagen ganz flach im Lager ihrer Jungen und waren vom Erdboden kaum zu unterscheiden, dank ihrer Schutzfarbe. Die kleinen Schlänglein legten sich auf den Rücken ihrer Eltern und warteten mit Spannung und Schadenfreude auf die Strafe, die der Große Zauberer nun bald erleiden würde.

Lange brauchten sie nicht zu warten, denn draußen hörten sie schon die Schritte des Großen Zauberers. Er trat ein, und die Puffotterkinder sperrten sogleich ihre Mäuler auf. „Aha", sagte der Zauberer mit Anerkennung, „das nenne ich gelernt. Brave Kinder wollen gleich essen. So ist es richtig, ihr wisst, dass der gute Onkel Zauberer euch mit leckeren Uintjies gefüttert hat, nicht wahr, das habt ihr nicht vergessen. Deshalb ist er wiedergekommen, um euch erneut zu füttern. Ei, was sehe ich hier, eure Eltern waren gar fleißig bei der Veldkostsuche, sie haben wieder recht viele und dicke Uintjies mitgebracht. Hm-hm, wird das ein Festschmaus sein".

Er griff in den Vorratsack und wählte die beiden dicksten Knollen, steckte sie in die Glut, um sie zu braten, und als sie recht knusprig waren und gar verlockend dufteten, sagte er: „So, Kinderchen, jetzt sperrt aber eure Mäuler auf, noch mehr, noch viel, viel mehr, so ist's recht". Dabei führte er die lecker duftenden Uintjies an den Nasen der Schlangenkinder vorbei in seinen eigenen Mund, kaute mit Wohlbehagen, strich mit beiden Händen über seinen Bauch und lachte zwischen dem Kauen: „Lecker haben die geschmeckt, nicht wahr, Kinder, wirklich aber auch ganz lecker! Und weil ihr noch so hungrig seid, werde ich jetzt wiederum zwei Uintjies rösten". Er griff in den Vorratsack, da schrie er auf und sprang vor Entsetzen empor. Ein stechender Schmerz fuhr durch seine Beine, breitete sich durch seinen Körper aus, und der Große Zauberer sah mit Entsetzen die zornigen Augen der Puffottereltern, die sich mit einem schmerzhaften Biss für den Schelmenstreich rächten. Der Große Zauberer aber rannte hinkend und jammernd hinaus auf die Pad und nahm sich vor, in Zukunft nicht mehr so unvorsichtig zu sein, und die Schelmenstreiche überhaupt einzustellen.

Wie der Große Zauberer den Strauß überlistete

Nicht lange blieb der Schmerz des Puffotterbisses im Leib des Großen Zauberers, denn der also Gestrafte wusste um Kräuter und Gegenmittel, die er pflückte und aß und damit den Schmerz betäubte. Sobald aber die letzte Spur von Schmerz aus seinem Körper gewichen war, wurde der Große Zauberer wieder übermütig und beschloss, einen neuen Schelmenstreich zu begehen. Obendrein verspürte er starken Hunger, denn er war ja um die erhoffte Mahlzeit in der Grashütte der Puffottern gekommen. Wie er so ging und überlegte, traf er den Strauß, der auf seinen hohen, starken Beinen dahinschritt; er war auf der Veldkostsuche.

„Das nenne ich einen glücklichen Zufall, lieber Strauß", rief der Große Zauberer mit heuchlerischer Freundlichkeit, „wirklich, das nenne ich ein ganz großes Glück, dich zu treffen, denn sieh', ich bin gerade unterwegs zu dir".

„Zu mir?" wunderte sich der Strauß.

„Ja, zu dir, denn du bist mir ein lieber Freund, ja, das bist du!"

„Och", sagte der Strauß und fühlte sich gerade beschämt von diesem Lob des Großen Zauberers. „Och, es ist wirklich eine große Ehre für mich, lieber Großer Zauberer. Darf ich dich in meine Grashütte führen und dir eine leckere Mahlzeit anbieten?"

„Bitte sehr", sagte der Große Zauberer. „Aber eigentlich möchte ich jetzt nicht essen. Weiß du, ich komme soeben von einem sehr reichlichen Mahle, das hat ganz wundervoll geschmeckt. Ich hatte einen Freund zu Gast, und ihm zu Ehren habe ich meine eigenen Kinder geschlachtet und gebraten".

„Was hast du getan?" entsetzte sich der Strauß. „Deine eigenen Kinder hast du gebraten, sie gegessen und davon deinem Gast vorgesetzt?"

„Natürlich habe ich das, lieber Freund Strauß, das ist so Sitte bei uns Großen. Wir bieten dem Gast, den wir schätzen, gerade das an, was uns am liebsten ist, nämlich die eigenen Kinder".

So sprechend, waren sie bis zur Grashütte des Strauß gekommen, und der listige Große Zauberer meinte: „Nun will ich dich nicht weiter stören, ich gehe wieder meine Pad. Lebe wohl, Strauß".

„Aber nein, du darfst nicht von mir gehen, du darfst meine Gastfreundschaft nicht verschmähen, lieber Großer Zauberer. Kehre ein, ich weiß, was sich gehört, und einem so großen Gast wie du einer bist, werde ich auch ein hohes Gastmahl vorsetzen, und zwar werde ich meine eigenen Küken schlachten, ja, das werde ich".

Der Strauß trat in seine Hütte, tötete seine Kinder und briet sie am Feuer, und dann setzte er sich mit dem Großen Zauberer zum lecker bereiteten Mahle, und sie aßen, und am meisten aß der Große Zauberer und ließ sich die zarten Küken wohl schmecken. Er saß und kaute und wich nicht eher von der Feuerstelle, bis das letzte Knöchelchen abgenagt war. Dann dehnte er sich wohlig und stöhnte:

„Uff, jetzt bin ich aber satt – wirklich satt! Aber Durst habe ich noch, einen schrecklichen Durst. Deine Küken waren so fett, lieber Strauß, ich glaube, du musst mich an eine Wasserstelle führen".

Auch der Strauß empfand großen Durst und führte seinen Gast hinaus zum Brunnen. Um den Großen Zauberer zu ehren, nahm er sogar seine beste Eierschale mit als bequemes Trinkgefäß. Sie tranken beide, und da sprach der Zauberer: „Dies ist ein gutes Wasser. Ich werde davon schöpfen und es meinen Kindern mitbringen, denn auch sie sollen sich an diesem guten Wasser laben". Bei diesen Worten zuckte der Strauß zusammen und schrie: „Was sagst du da? Deine Kinder? Du willst deinen Kindern Wasser bringen? Sie sind doch tot, deine Kinder, du hast es doch selbst gesagt! Du hast sie getötet, gebraten und gegessen um einen hohen Gast zu ehren, und so hast du mich veranlasst, auch meine Küken für dich zu töten!"

„Was sagst du da?" staunte der Große Zauberer. „Ich soll dich veranlasst haben, deine Küken zu töten? Du träumst, lieber Freund. Du selbst hast mir erklärt, es sei bei euch Straußen üblich, die eigenen Küken zu töten um einen hohen Gast zu ehren. Ha, du weißt nicht mehr, was du redest, lieber Strauß".

Diese spöttischen Worte erbosten den Strauß. Er sprang rasch aus dem Brunnen und versuchte dem Zauberer den Weg zu verlegen, als der mit der wassergefüllten Eierschale hervorkam. Mit einem gewaltigen Hieb seiner langen Beine schlug er ihm die Eierschale aus den Händen und wollte den Zauberer niedertrampeln. Doch es gelang dem Großen Zauberer, an dem erzürnten Vogel vorbeizukommen und das Weite zu suchen. Der Strauß aber verfolgte ihn. Schon hörte der Zauberer hinter sich das Keuchen des erzürnten Vogels. Da verwandelte er sich blitzschnell in einen Grashalm. Der Strauß trat wütend auf den Halm und knickte ihn, aber schon verwandelte sich der Halm wieder in den Zauberer, der mit langen Schritten auf einen nahen Felsen zu rannte. „Felsen, Felsen, tu dich auf!“ keuchte der Zauberer. Der Felsen tat sich auf, und der Zauberer huschte eilends in die Spalte.

„Felsen, Felsen, schließe dich“, keuchte der Verfolgte. Aber sein ganzer Körper war noch nicht in Sicherheit, sondern sein verlängerter Rücken schaute noch aus dem Felsen heraus, und da war der Strauß zur Stelle und hieb mit Schnabel und Beinen wuchtig auf diese Körperstelle, dass der Zauberer laut aufschrie vor Schmerz und Not. In seiner List schrie er plötzlich:

„Pass auf, Strauß, pass auf, der Felsen fällt gleich um! Spring‘ zurück!“

Erschrocken sprang der Strauß einige Schritte zurück, und da rief der Zauberer rasch: „Felsen, Felsen, öffne dich wieder!“ schlüpfte ganz hinein, und verschloss ihn mit einem raschen: „Felsen, Felsen, schließe dich!“ Damit war er nun vollends in Sicherheit, und so hatte der Große Zauberer auch den Strauß geprellt.

Die bösen Schelmenstreiche des Großen Zauberers wurden in beiden Fällen bestraft, aber niemand soll einem vertrauen, der als Großer Zauberer über den Weg läuft, denn er weiß nie, welche neuen Untaten der in seiner Brust hegt. Jedermann hüte sich vor dem Großen Zauberer.

Wie Kasamko ein Zauberer werden wollte

Kasamko war ein Buschmann, der gern ein Zauberer geworden wäre. Ständig streifte er durch das Veld, beobachtete alle Tiere und ihre Lebensgewohnheiten. Nur derjenige kann ein Zauberer werden, der alle Tiere kennt und ihre Geheimnisse, und auch die Geheimnisse der großen Natur. Eines Tages stellte Kasamko fest, dass sich ein Rotkopfspecht mit seiner Familie in der Nachbarschaft niedergelassen hatte. Dieser Rotkopfspecht aber war selbst ein großer Zauberer, doch hiervon wusste der Buschmann nichts. Er trieb sich täglich viele Stunden lang in der Nähe der Spechtsippe herum, um deren Leben und Treiben zu beobachten.

„Was steht's du wieder herum und beobachtest die Spechte?" rief die erboste Buschmannfrau.

„Diese Spechtsippe ist sehenswert, Frau", antwortete der Buschmann. „Den ganzen Tag herrscht bei ihnen Leben und Treiben. Das ist ein Pfeifen und Flattern, dass man nicht weiß, wohin zuerst hören und schauen. Bald kommt die Regenzeit, aber meinst du, die Spechtsippe hätte sich überhaupt um den Bau von Grashütten gekümmert? Den ganzen Tag über unterhalten sich die Frauen des Spechtes oder sind auch schon mal unterwegs auf Nahrungssuche, aber keine einzige von ihnen denkt an den Hüttenbau" .

„Warum denkst du an den Hüttenbau bei der Spechtsippe?" tadelte die Frau. „Kümmere dich um deine eigene Hütte; die ist auch noch nicht ganz dicht. Während du das Leben und Treiben bei der Spechtsippe beobachtest, vergeht die Zeit, die Regenzeit naht und plötzlich ist sie da, und unsere eigene Hütte ist nicht dicht, und wir werden alle im Regen sitzen müssen, du und deine ganze Sippe. Geh' hinaus ins Veld und rupfe noch einige Büschel Gras, um damit unsere Hütte abzudecken. Geh' hin und handle so, ehe es zu spät ist".

Mürrisch griff sie ihre Kalebasse, setzte sie auf den Kopf und schritt damit hinaus zur Wasserstelle. Kasamko schaute seiner Frau nach. Sie hat recht, dachte er, sie hat vollkommen recht, aber zum Grasrupfen ist noch Zeit. Jetzt muss ich die Spechtsippe beobachten. Meine Frau ist zudem weggegangen um Wasser zu holen, und sie wird lange ausbleiben, weil das Vley weit draußen im Veld liegt. So werde ich noch weiterhin lange Zeit hier sitzen können, um die Spechtsippe zu beobachten.

So dachte er und setzte sich unter einen Baum; von hier aus konnte er die Spechtfamilie gut beobachten. Wie er so saß und die Emsigkeit der Spechtfrauen bewunderte, hörte er plötzlich eine Stimme, die laut fragte: „Was träumst du in den hellen Tag hinein, Kasamko?“ Der Buschmann blickte verwundert umher, denn nirgendwo sah er einen Menschen, und da erklang zum zweiten Mal die Stimme mit der gleichen Frage. Jetzt erst erkannte Kasamko, dass der Specht da drüben auf dem Ast so gesprochen hatte. Das war sicher gar kein Specht sondern ein Zauberer, der sich in einen Specht verwandelt hatte. Zum dritten Mal rief der Vogel: „Was träumst du in den hellen Tag hinein, Kasamko?“

„Ich denke nach“, antwortete der Buschmann.

„Soso, du denkst nach“, spottete der Rotkopfspecht. „Und darf man wissen, worüber du nachdenkst?“

„Ich denke gerade darüber nach, was sein wird, wenn jetzt die Regenzeit kommt“.

„Wieso?“ wunderte sich der Specht.

„Nun ja, jeder Mensch und jedes Tier im Veld weiß doch, dass die Regenzeit bevorsteht, und deine Frauen haben noch nicht einmal mit dem Hüttenbau begonnen. Hast du denn gar keine Angst, dass plötzlich der Regen beginnt und euch ohne Hütte überrascht. Wo wollt ihr denn hausen, wenn es in Strömen regnet, und woher das trockene Gras nehmen, um rasch eure Hütten zu decken?“

Der Specht lachte schallend: „Du bist ein komischer Mensch, Kasamko, du kümmerst dich überhaupt nicht um deine eigene Hütte, sondern schaust meiner Sippe zu, wie sie ihren Tag verbringt. Warum hast du nicht genügend Gras gerupft, um das Dach deiner Hütte dicht zu machen, und wo willst du denn trockenes Gras suchen, wenn es in Strömen regnet? Sag‘ doch, Kasamko, wo willst du es suchen, das trockene Gras“.

„Keine Sorge, Rotkopfspecht“, sagte Kasamko. „Noch sind die ersten Regentropfen nicht gefallen. Wenn ich will, habe ich gleich genug trockenes Gras beisammen, um meine Hütte zu decken“.

„Ich habe noch mehr Zeit als du“, höhnte der Specht. „Ich fange erst an mit dem Hüttenbau, wenn der Himmel ganz schwarz ist von Regenwolken. Und selbst dann habe ich noch Zeit genug, und keine meiner Frauen wird zu klagen haben, und meine ganze Sippe wird wohlgeborgen und trocken in neuen Grashütten sitzen“. Der Buschmann staunte über diese

Rede. Wie kann der Rotkopfspecht so etwas vollbringen? dachte er und beschloss, jetzt erst recht auszuharren. Ja, jetzt wollte er sehen, wie die Spechtsippe es anstellte, um noch bei hereinbrechendem Regenwetter trockene Hütten zu bauen.

Da kam die Frau mit der wassergefüllten Kalebasse zurück und tadelte ihn, weil er immer noch untätig da saß und die Spechtsippe beobachtete. „Du wirst auf feuchtem Boden liegen müssen, und wir alle werden auf feuchtem Boden liegen", murrte sie, „nur weil du kein trockenes Gras sammeln willst".

„Geh' Frau", sagte Kasamko barsch, „ich muss hier sitzen und zuschauen, wie die Spechtsippe es fertig bringt, rechtzeitig ihre Grashütten zu bauen, wenn der Regen so plötzlich daherkommt. Diesen Zauber muss ich kennenlernen, denn hier kann es sich nur um einen Zauber handeln". Die Frau ging, und Kasamko blickte zur Wetterecke hin und sah eine dichte Regenwand heraufziehen. Mit unheimlicher Geschwindigkeit kamen die Wolken näher, und die Sonne verfinsterte sich. Der Wind brachte schon den Geruch von Wasser und feuchter Erde herüber. Jetzt wird der Rotkopfspecht endlich mit dem Hüttenbau beginnen, dachte der Buschmann. Aber weder der Specht selbst noch seine Frauen begannen mit dem Ausrupfen von Gräsern und mit dem Bau von Hütten. Wenn sie jetzt nicht bald beginnen, dachte Kasamko, wird es zu spät sein, denn die Regenwand kommt mit Windeseile näher, und bald wird es kein trockenes Gras mehr geben weit und breit. Wenn es aber weit und breit kein trockenes Gras mehr gibt, wie wollen sie denn ihre Hütten bauen, die dummen Spechte?

Der Rotkopfspecht saß auf seinem Ast und beobachtete die rasch näherkommende Wetterwolke, und als sie ganz, aber auch ganz nah war und die ersten Tropfen schon dick und schwer herunterprasselten, da griff er in seinen Beutel und zog eine Duikerhornschale heraus. Die setzte er an, blies hinein, dass ein greller Pfiff ertönte, und da wuchsen blitzschnell zahlreiche schöne und neue Grashütten aus dem Erdboden, und es waren genau so viele, wie die Spechtsippe benötigte, um mit all ihren Frauen und Kindern Schutz bei dem Unwetter zu finden.

„Das nenne ich nun Zauber!" rief Kasamko anerkennend. „Wirklich, das ist ein großer Zauber! Ja, wer solchen Zauber versteht, der braucht sich nicht um die Regenzeit zu sorgen, der kann tanzen, pfeifen und herumflattern bis die ersten Tropfen fallen. Dann rasch in die Duikerhornschale hineingeblasen: fit-fit, und schon stehen sie da, die schön gedeckten Grashütten. Wirklich, das nenne ich Zauber!"

Die Buschmannfrau rief Kasamko herbei. „Komm in die Grashütte, Mann, der Regen hat bereits begonnen. Sie ist zwar nicht mit frischem, trockenem Gras gedeckt, weil du die Spechtsippe beobachtet hast, statt trockenes Gras zu sammeln, dennoch wirst du darin den Regen sicherer überstehen als hier draußen im Freien". Der Buschmann ging mit seiner Frau und erzählte ihr unterwegs, was er gesehen hatte. „Ich werde versuchen, dieses Duikerhorn zu bekommen", sagte er. „Wer das Duikerhorn besitzt, der ist ein Großer Zauberer. Ich will ein Großer Zauberer sein, denn der Zauber liegt im Duikerhorn".

„Geh doch hin zum Specht", riet die Frau, „und bitte ihn um das Duikerhorn.

„Nein, ich kann nicht hingehen und ihn um das Duikerhorn bitten, denn er wird es mir abschlagen".

Der Regen rann und rauschte nieder auf das Veld, und es regnete die ganze Nacht hindurch bis zum frühen Morgen. Als dann der Regen etwas nachgelassen hatte, verließ Kasamko die Grashütte. „Ich gehe jetzt", sagte er zu seiner Frau, „und ich werde dir auch eine schöne Hütte bauen, und du wirst zufrieden sein". Der Buschmann ging aber nicht in den Dickbusch, um Stöcke für den Hüttenbau zu schlagen, und er suchte auch keineswegs nach trockenem Gras; denn alles Gras war ja nass und nicht zu gebrauchen, sondern er ging schnurstracks zum Rotkopfspecht, der in seiner neuen Hütte saß, und sprach: „Durch Zauber hast du neue Hütten gebaut. Noch nie sah ich so schöne Hütten. Du bist gewiss ein großer und mächtiger Zauberer, dass du so schöne Hütten bauen kannst. Wie gut müssen es deine Frauen haben, die in solch herrlichen Hütten wohnen dürfen".

Der Specht plusterte sich auf vor Stolz, als er solches Lob vernahm. „Jaja, du hast schon recht", sagte er zum Buschmann, „es sind wirklich schöne und große Hütten, und kein Regen geht durch das Grasdach. Schau' hinein und überzeuge dich, dass sie alle trocken hier wohnen, meine Frauen, meine Kinder, die ganze Sippe".

„Ja, sie wohnen alle trocken, und deine Grashütten sind schön", stellte Kasamko fest, „und weil du ein so großer Zauberer bist, so schenke mir doch die Duikerhornschale, damit auch ich meiner Sippe solche Hütten aus dem Boden zaubern kann".

„Bist du deshalb hierher gekommen, Kasamko?" zeterte der Rotkopfspecht. „Ha, jetzt weiß ich, warum deine Rede so freundlich klingt und so voller Lob! Du willst das Duikerhorn in deine Hände bekommen, um selbst zaubern zu können. Nein, Buschmann Kasamko, geh wieder nach Hause, du wirst niemals die Zauberflöte besitzen“.

Tiefbetrübt ging der Buschmann nach Hause und setzte sich an das Feuer. So sehr seine Frau auch in ihn drang und ihn ausfragte, er blieb still und überlegte, wie er in den Besitz des Duikerhorns gelangen könnte.

Der Regen hatte plötzlich nachgelassen, und so konnte der Specht am andern Morgen auf Jagd gehen; seine Frauen aber brachen auf zur Veldkostsuche. „Ich gehe ins Veld um Nahrung zu suchen!“ rief Kasamko so laut, dass der Specht und seine Frauen es hören konnten. In Wirklichkeit ging er nur eine kurze Strecke, kam ungesehen durch den Dickbusch wieder zurück und war bald in der Werft des Rotkopfspechtes.

Die Gelegenheit war günstig wie nie, denn alle Hütten standen leer, und der Buschmann konnte sie in Ruhe durchsuchen, eine nach der andern. Er suchte und kramte alles durcheinander und fand endlich den Beutel. Er öffnete ihn und staunte, denn da war nicht ein Duikerhorn drin, sondern gleich mehrere. „Welch ein Glück“, frohlockte Kasamko. „Wäre es nur ein Duikerhorn gewesen, dann hätte der Specht den Diebstahl rasch bemerkt, so aber wird er nichts merken; vielleicht weiß er selbst nicht einmal, wie viel Duikerhörner er in seinem Beutel birgt“. Er ordnete den Beutel wieder an seinen Platz zurück und entfernte sich rasch. Als er eine Strecke Weges gegangen war, konnte er nicht mehr widerstehen. Er musste das Duikerhorn hervorziehen und betrachten. „Ei, ei, welch ein schönes Duikerhorn bist du“, lobte er. „Hoffentlich bist du auch das richtige Zauberhorn. Wenn du das richtige Zauberhorn nicht bist, dann war ja mein Diebstahl vergebens. Ich werde sehen, ob du das Zauberhorn bist oder nicht, ich werde es gleich sehen“. So sprechend spähte er im Gelände umher. Waren keine unerwünschten Lauscher in der Nähe? Nein, es zeigte sich niemand. Da stieß Kasamko in das Horn: fit-fit, erschallte zart und weich die Zauberflötentöne, und schon standen viele prachtvolle Hütten da, schön gedeckt mit trockenem Gras und durch machtvollen Zauber aus dem Erdboden gewachsen.

„Besser hat es der Rotkopfspecht auch nicht gekonnt“, sagte Kasamko und verbarg wieder sorgfältig seinen Schatz. Er eilte zu seiner Sippe, er fand sie um die Feuer versammelt und sprach zu ihnen: „Morgen früh werden wir diese Jagdgründe hier verlassen und eine neue Werftstelle suchen“. Sie staunten alle, und seine Frau höhnte: „Ha, ist der Rotkopfspecht plötzlich nicht mehr dein Freund? Warum willst du die

Nähe deines Freundes und die Nachbarschaft der Spechtsippe verlassen?"

Kasamko antwortete nicht und blieb bei seinem gefassten Entschluss. Am andern Morgen zog die ganze Sippe fort in ein entferntes Gebiet. Es war eine lange, mühselige Wanderung bis zur neuen Werftstelle. Kasamko hieß die Sippe halten, denn er fand, dass er nun weit genug von der Werft des Rotkopfspechtes entfernt war. Bis hierhin würde der Vogel ihn nicht verfolgen. Die Frauen wollten sofort mit dem Bau neuer Hütten beginnen, weil schon wieder eine neue Regenwand von der Wetterecke heraufzog. Es blitzte und donnerte, doch Kasamko sagte ganz ruhig: „Baut keine Hütten, setzt euch hin und ruht aus. Zum Hüttenbau ist immer noch Zeit, wenn die ersten Regentropfen fallen". Sie staunten und sprachen untereinander: „Er besitzt einen mächtigen Zauber, ganz sicher besitzt er einen solchen". Die ersten Regentropfen fielen dick und schwer, der Blitz flammte über das Veld hinweg, und der Donner knatterte und rollte, Kasamko aber stand unbeirrt und kaltblütig. „Ich werde noch etwas warten mit dem Hüttenbau", murmelte er vor sich hin. Erst in allergrößter Gefahr und in höchster Not werde ich in das Duikerhorn stoßen. Je höher die Not, desto größer wird dann mein Ruhm sein, weil ich ihnen so schöne Grashütten aus der Erde gezaubert habe".

„Kasamko, Kasamko", flehten sie alle, „warum hast du uns nicht erlaubt Hütten zu bauen? Jetzt fällt der Regen, schau', die Regenwand ist nur noch zwei Pfeilschüsse entfernt, gleich ist sie da, gleich!"

Jetzt war der Augenblick gekommen. Stolz richtete der Buschmann sich auf, holte das Duikerhorn aus seinem Beutel, setzte es an den Mund, um mit einem Zauberton schön gebaute Hütten vor den erstaunten Augen seiner Sippe aus dem Boden wachsen zu lassen. Sie werden staunen, dachte er, und mich loben und mich als ihren Großen Zauberer betrachten. Er setzte das Duikerhorn an die Lippen, und da sah er plötzlich einen Vogel, der sich dicht vor ihm auf einem Zweig niederließ. Kasamko erschrak und vergaß zu blasen, denn er hatte den Rotkopfspecht erkannt. „Kasamko!" rief der Specht. „Kasamko, du Dieb! Nun zeige doch deiner Sippe, was du kannst. Zaubere deinen Leuten viele schöne Grashütten aus der Erde. Stoße in das Horn, denn siehe, der Regen fällt bereits kräftig".

Kasamko blies in das Horn, und blies so stark, dass seine Backen schwollen. Er blies und blies, um endlich den Zauberton aus dem Horn zu locken, aber siehe, das gestohlene Horn blieb stumm. Der Dieb blies und mühte sich ab, und ringsum standen die Männer, die Frauen und die Kinder seiner Sippe und beobachteten ihn ängstlich, während der Regen schwer über ihre Schultern und Rücken klatschte. Aber kein Ton kam aus dem Horn, und nirgendwo tat sich die Erde auf, um neue Grashütten wachsen zu lassen. Die Buschleute hielten Umschau. War denn nirgendwo eine Hütte oder ein trockener Platz? Einige Frauen wollten rasch Äste brechen und Gras sammeln, um Hütten zu bauen, aber es war zu spät; das durchnässte Gras hielt keinen Regen mehr ab. So setzte sich dann Kasamkos Sippe im Habkreis um den unglücklichen Dieb und starrte ihn stumm und ergeben an. Und jeder Blick, der ihn traf, war ein Vorwurf wegen seiner gemeinen Diebestat.

Mit voller Wucht hatte der Regen eingesetzt und rauschte nieder über das Veld. Das Wasser stieg, und alle Riviere kamen ab, und zwischen dem Rauschen des Wassers ertönte die höhnende Stimme des Rotkopfspechtes: „Drei Tage und drei Nächte lang wird es regnen ohne Unterlass. Drei Tage und drei Nächte lang wird deine Sippe mit dir im Regen ausharren müssen zur Strafe für deinen Diebstahl, o großer Zauberer Kasamko!“

So geschah es, und das war die gerechte Strafe für den gemeinen Diebstahl des Kasamko, der mit Hilfe des Duikerhornes ein Großer Zauberer werden wollte, aber nichts weiter geworden war als ein dummer Dieb, der seine eigene Sippe ins Unglück brachte.

Das Wettrennen zwischen Schakal und Hyäne

In früheren Zeiten hausten Schakal und Hyäne einträchtig zusammen in ein und derselben Höhle. Sie vertrugen sich gut miteinander, aber der Schakal konnte es nicht unterlassen, seiner Gefährtin, der Hyäne, mancherlei bösen Streich zu spielen. Es sollten zwar nur Neckereien sein, aber diese arteten meist recht ungünstig für die Hyäne aus. Dennoch fand sich die Gefoppte immer wieder damit ab, denn der Schakal war ja ein lustiger Gefährte, dem sich die schwerfällige Hyäne keineswegs gewachsen fühlte. Immer wieder wurde sie das Opfer seiner derben Späße. In jener fernen Zeit kamen auch die ersten Pferde in das Land. Die Buschleute hatten dergleichen Tiere noch nie gesehen und verstanden auch nicht, sie zu zähmen. Die Hereros aber unterjochten die Pferde und nutzten geschickt die Kraft und die Schnelligkeit dieser neuen Tierart. Dies gab den Hereros wiederum eine große Überlegenheit.

Der Schakal hatte bereits mehrere Mal Pferde gesehen, aber für die Hyäne waren sie ein ebenso schrecklicher wie neuer Anblick. Da wanderten eines Abends zur Dämmerstunde die beiden Gefährten Schakal und Hyäne durch den Dickbusch. Sie waren satt; sie hatten die Rissstelle des Löwen gefunden mit vielen Zebraknochen, an denen noch große Klumpen Fleisch hafteten. Niemand hatte sie beim Mahle gestört, und jetzt gingen sie satt und zufrieden nach Hause. Gewiss, ein kleines, unvorsichtiges Springhäschen würden sie doch noch mitnehmen, sozusagen als Abschluss des schönen Tages oder als Krönung des reichlich gedeckten Tisches. Kein anständiger Schakal wird je das leckere Fleisch des Springhasen verachten, und sei er auch noch so satt. Und die Hyäne – nun ja, die Hyäne sagt dann auch nicht nein, wenn das gerissene Häschen lecker duftend vor ihr liegt. Diesmal wollte es aber mit der Jagd nicht so richtig klappen, denn immer wieder stiegen lärmend die Perlhühner empor oder liefen gluckernd und aufgeregt durch das Gebüsch, um die Nähe des jagenden Schakals zu melden. Zudem war die Witterung der beiden Spießgesellen so stark, dass alles jagdbare Wild floh, wenn der Wind aus ihrer Richtung herwehte. Auf ihrer Pirsch gelangten die beiden Jäger in die Nähe von Herero-Pferden. Sie schlugen einen Haken, um die Tiere nicht durch ihre Witterung zu erschrecken und beobachteten sie genau im Lichte des soeben aufgehenden Mondes.

„Siehst du, Hyäne", sagte der Schakal, „das sind Pferde, darauf reiten die Hereros und haben dann vier Beine statt nur zwei".

„Eigentlich sind es plumpe Tiere", meinte die Hyäne, „sie haben weder die Schlankheit der Elandantilopen noch die Kraft der Löwen oder gar der Elefanten. Ich kann mir nicht helfen, ich finde sie plump und dumm zugleich".

„Warum denn dumm?" fragte der Schakal. „Plump – nun ja, das lasse ich gelten, denn sie sind viel schwerfälliger als jedes andere Steppentier. Aber dumm – ? Warum nennst du das Pferd eigentlich dumm?"

„Urteile doch selbst", meinte die Hyäne. „Ist das ein Benehmen für ein Tier der Wildnis? Hör' doch nur, wie geräuschvoll sie kauen, und wie sie rupfen und mit den Hufen stampfen, um die Nachtmücken oder Zecken zu verscheuchen. Durch soviel Geräusch wird doch der Löwe angelockt. Ich bleibe dabei: so, wie die Pferde sich benehmen, so benimmt sich nur ein dummes Tier".

„Du magst schon recht haben", bestätigte der Schakal, „aber die Pferde sind ja den Hereros untertan, und dafür hat der Mensch ihnen Schutz und Obhut versprochen. Sie brauchen nicht auf ihre Feinde zu achten und nicht nach den Löwen Ausschau zu halten, dies tun die Menschen für sie, und deshalb ist den Pferden auch jede Witterung von Gefahr abhanden gekommen, und sie benehmen sich dumm und geräuschvoll".

Während dieser Rede hatte der Schakal bereits wieder einen Entschluss gefasst und einen neuen Plan zu einem listigen Streich gegen seine Gefährtin Hyäne ausgedacht. Wie im Spiel begann er langes Gras auszurupfen und daraus ein Seil zu flechten, so wie er es oft bei den Hereros gesehen hatte. Auch die Buschleute benutzten dieses lange, harte Gras zum Abdecken ihrer Hütten.

„Was machst du da, was willst du mit dem Seil?" fragte die Hyäne.

„Och – nichts besonderes. Ich wollte nur mal ein Seil flechten. Möchtest du nicht auch solch ein schönes Seil haben? Komm her, ich mach' dir auch eins, aber du musst reichlich Gras ausreißen".

„Das werde ich tun", sagte die Hyäne, „denn auch ich möchte solch ein schönes Stück besitzen". Sie ging in die Lichtung und pflückte schönes, langes Gras, und währenddessen flocht er eine ganz dünne Stelle in seinen Strick und lachte listig dabei, denn er hatte den Streich bereits fix und fertig im Kopf. Man wird gleich hören, warum er den Strick an einer

Stelle so dünn flocht. Da kam die Hyäne mit viel langem Gras zurück, und der Schakal flocht nun rasch den zweiten Strick, den er aber ganz stark und unzerreißbar machte. Während dieser Arbeit ließ er seine Zunge emsig gehen und erzählte der atemlos lauschenden Hyäne: „Ha, was die Buschleute können, das kann ich auch! Da staunst du, nicht wahr? Ja, das kann ich auch, und jetzt will ich es dir wahrheitsgetreu erzählen. Da bin ich doch jüngst nach Hause gekommen und war so herrlich satt. Du kannst dich doch sicher entsinnen?"

Die Hyäne konnte sich zwar nicht mehr entsinnen, aber sie nickte trotzdem bejahend, nur um den Redefluss ihres Gefährten nicht zu unterbrechen.

„Siehst du", fuhr der Schakal fort, „es hing mit den Pferden zusammen, da staunst du, nicht wahr, jawohl, mit den Pferden. Ich habe genau beobachtet, wie die Hereros es machen und habe mich selbst auf solch ein Pferd geschwungen und bin mit losgeritten. Du, das war eine lustige Sache! Das ging – sage ich dir: galapa - galapa - galapa! Und auf einmal, da war das Pferd in einem Pferch, und darin waren viele große Vögel, größer und fetter als Perlhühner. Weißt du, Perlhühner sind mager und zäh. Diese Hühner aber, richtige gezähmte Hühner, wie sie die Hereros im Pferch halten, waren ganz fett und schwer und schmeckten wundervoll mit ihrem süßen, weichen Fleisch. Ich habe soviel davon gegessen wie ich konnte und bin dann wieder weggegangen, und es war keine Gefahr dabei. Ach, war das ein herrliches Fleisch! Wenn ich jetzt daran denke, läuft mir noch alles Wasser im Mund zusammen, schau nur her".

Die Hyäne schaute hin, und tatsächlich, zwischen den Lefzen des Schakals tropfte das Wasser der Gier in langen Fäden zur Erde herab, und die Hyäne erkannte daran, dass diese Hühner wirklich, aber auch wirklich köstlich geschmeckt haben mussten.

Als der Schakal seine Genossin auf diese Art tüchtig beeinflusst sah, voller Gier und Verlangen nach Hühnerfleisch, dem noch unbekannten Genuss, da meinte er so ganz nebenbei: „Eigentlich könnte ich mir solch ein köstliches Mahl jeden Tag leisten. Ich könnte das sogar sofort. Zwar bin ich satt, aber Hühnerfleisch – weißt du, Hühnerfleisch kann man immer essen. Nur möchte ich dich, arme Hyäne, nicht allein zurücklassen, denn wir sind doch übereingekommen, nur gemeinsam zu jagen und gemeinsam die Beute zu verzehren". Er witterte zu den Pferden hinüber. „Wenn ich will", so fuhr er fort, „wenn ich jetzt will, liebe Hyäne, bin ich gleich auf dem Rücken eines solchen Pferdes – aber nein, ich tue es nicht, ich will nicht reiten, weil du, arme Hyäne ja nicht reiten kannst. Nein, unter keinen Umständen will ich dich allein lassen, arme Hyäne".

Die andere war so gerührt von dieser Kameradschaft, dass sie gerade anfangen wollte zu weinen, was bei ihr aber wie ein Lachen klingt, man weiß es ja. Aber der Schakal stieß sie an: „Unglückliche", raunte er ihr zu, „du kannst doch hier nicht einfach losheulen, sondern musst vernünftig bleiben, wie sich das gehört".

„Du bist aber so gut – so gut!" schluchzte die Hyäne unterdrückt, „so g-u-u-u-u-t! Und deshalb möchte ich dir nicht im Wege stehen, ich bitte dich zu den Hühnern zu gehen."

„Nein, liebe Hyäne, du bist meine treue Gefährtin, ohne dich gehe ich nicht, denn wie könnte mir das süße Fleisch schmecken, wenn du selbst deinen Hunger mit Zebraknochen von der Rissstelle des Löwen stillen musst. Entweder du kommst mit, oder ich gehe überhaupt nicht".

So viel Treue und Kameradschaft wirkten überzeugend, und die Hyäne erklärte: „Gut, ich reite mit, aber hilf mir nur auf den Rücken des Pferdes. Weißt du, ich habe dergleichen nie getan, nicht wahr, du wirst mir hinaufhelfen?"

„Selbstverständlich werde ich dir helfen, liebe Hyäne", sagte der Schakal und konnte seine Freude kaum verbergen. Jetzt wusste er, dass der ausgeheckte Streich gelingen würde, und er konnte sein Lachen kaum verbergen. Er pirschte sich vorsichtig an die Pferde heran, warf ihnen die Stricke um, so, wie er es bei den Hereros gesehen hatte. Er half der Hyäne auf das eine Pferd und gab ihr den schadhaft gewebten Strick als Zügel in die Hände. Er selbst schwang sich auf das andere Pferd, das mit dem guten und festen Strick aufgezäumt war. Dann ritten die beiden los. Zuerst ging es im Trab: galapa - galapa - galapa! Hei, war das lustig, die Welt vom Rücken der Pferde aus zu betrachten! Da strichen die Tiere über das Veld, da liefen die Strauße, dass der Sand nur so stiebte. Ihnen nach! Der Schakal strich die Flanken seines Pferdes, und sofort begann der Galopp: galapa - galapa - galapa! Die Hyäne jauchzte, so schön hatte sie sich die Welt doch nicht vorgestellt. Sie lenkten ihre Pferde zwischen die äsenden Gnus und Hartebeester, dass alles erschreckt auseinander stob, und so näherten sie sich langsam der Hererowerft. „Ist das nicht wunderbar?" fragte der Schakal, und die Hyäne konnte dies nur bestätigen. Ja, es war alles wunderbar.

„Sollen wir mal ein Wettrennen veranstalten?“ rief der Schakal, und die Hyäne nickte. Sie war ihrem Gefährten ja so dankbar.

„Los, es gilt!“ rief der Schakal und ließ sein Reittier mächtig ausholen. Das Pferd der Hyäne stürmte gleichfalls rasch voran und wurde ganz wild, als der Schakal ihm im Vorbeireiten einen Stoß in die Flanke versetzte. Das Pferd holte mächtig aus, und die Hyäne zerrte am Strick, um es in eine langsamere Gangart zu zwingen, aber da riss der Strick an der dünnen Stelle, und alles geschah so, wie der Schakal es beabsichtigt und eingefädelt hatte. In diesem Augenblick kam auch schon die Werft der Hereros in Sicht. Das Pferd mit der Hyäne auf dem Rücken stürmte genau darauf los, während der Schakal sein Tier rechtzeitig wieder in das Veld hinaus lenkte. Die Hereros saßen alle um das Feuer versammelt, als plötzlich das Pferd herangaloppierte. Sie glaubten zuerst an einen Überfall und sprangen durcheinander und in ihre Hütten. Das Pferd aber blieb plötzlich vor dem Feuer stehen, und die Hyäne, die sich sowieso nur mit größter Mühe im Reitsitz gehalten hatte, rollte über den Pferdekopf hinweg und fiel mitten in die Glut. Nur eine rasche Bewegung rettete sie vor größeren Brandwunden, so wurde nur ihr Fell versengt, aber als sie wieder aufstand und sich schüttelte, um die letzten glimmenden Späne aus ihrem Fell zu entfernen, sprangen von allen Seiten die Hereros aus ihren Hütten und schlugen mit Stöcken auf die arme Hyäne ein. „Du elende Hyäne!“ riefen sie, „du stinkender Aasfresser, wie kommst du dazu, eins unserer Pferde zu stehlen? Aber das Pferd war seinen Herren treu und hat dich hierher gebracht und mit einem Ruck in unser Feuer geworfen, damit wir dich für diese Tat bestrafen können. So, nimm noch diese Hiebe mit, und diese auch, und noch ein paar hintendrein!“ So schimpften und schlugen sie auf die Hyäne ein und verfolgten die Flüchtende, warfen ihr Steine nach, bis es ihr gelang, endlich im Schutze der Dunkelheit zu entkommen.

Langsam wanderte die Hyäne nach Hause. Überall, wo sie vorbeikam, wichen alle Tiere vor ihr aus, denn zu der unangenehmen Hyänenwitterung war noch der Geruch des verbrannten Felles gekommen. Es war schon Morgengrauen, als die Hyäne endlich ihre Höhle betrat, sehr in Sorge um den Schakal. Wie wird es ihm ergangen sein, dem Armen! Hoffentlich hat er rechtzeitig fliehen können, dachte sie, oder haben die Hereros ihn totgeschlagen? Wie staunte die Hyäne, als sie den Schakal wohlbehalten in der Höhle traf; der nagte gerade an einem Knochen. Und die Hyäne erkannte, dass es ein Knochen war, den sie für sich selbst zurückgelegt hatte; es war noch sehr viel Fleisch daran gewesen. Sie wollte dem Ungetreuen bittere Vorwürfe machen, aber er entwaffnete ihren Zorn mit folgenden Worten: „Ach, du Arme! Wie siehst du aus! Ganz schrecklich siehst du ja aus, wirklich, das muss ich sagen – ganz schrecklich! Dein Fell ist verbrannt, wie ich sehe, dein ganzer Rücken ist zerschunden.

Hast du Unglück gehabt im Dickbusch? Hat man dich überfallen? Ich sage ja, ich kann dich nicht allein gehen lassen! Man muss dich beschützen wie ein kleines Kind".

Die Hyäne war sprachlos über soviel Heuchelei und Nichtsnutzigkeit, denn ihr war jetzt klar geworden, dass dieser Ritt von ihrem Gefährten nur als loser Streich inszeniert worden war. Gerade wollte sie loslegen und dem Gefährten mit bitteren Worten Vorhaltungen machen, da sagte der Schakal mit heuchlerischer Freundlichkeit: „Übrigens, du warst doch bei den Hereros. Wie war es dort? Ich vermute, dass du dich dort so lange aufgehalten hast, weil du so spät nach Hause kommst. Waren sie freundlich zu dir, die Hereros? Ich nehme an, dass sie dich sehr warm empfangen und dich reichlich bewirtet haben. So ist es doch, nicht wahr?"

Die Hyäne antwortete nicht. Es hatte wirklich keinen Sinn, dem Spötter zu antworten; der verdrehte doch nur jedes Wort, und seine Anteilnahme war weiter nichts als blutiger Spott. Mit solchem Spaßvogel kann man nicht streiten. Er nimmt ja doch nichts für ernst und wird danach recht bald wieder einen neuen Streich aushecken. Da ist es schon besser zu schweigen und nicht zu klagen, um ihm nicht noch die Genugtuung zu verschaffen, dass er mit seinem Schelmenstreich einen so guten Erfolg erzielte. Nicht einmal dem Mond konnte sich die Hyäne mitteilen, sondern musste alles still ertragen. Der Schakal aber leckte schmatzend den letzten Knochen aus dem Vorrat der Hyäne ab und dachte dabei an den nächsten Streich.

Schakal und Hyäne bei den Damaras

Die Hyäne wurde rasch wieder gesund, und ihre Wunden, die Folgen von Stockhieben und Steinwürfen der Hereros, heilten. Auch das im Herero-Feuer angesengte Fell wuchs wieder nach, sodass die Hyäne sich wieder draußen im Veld sehen lassen konnte, ohne von allen Tieren wegen ihres jammervollen Aussehens ausgelacht zu werden. Sie hatte jetzt große Lust, endgültig mit dem Schakal zu brechen und auf dessen Kameradschaft zu verzichten; der lose Bursche hatte ja doch nur lauter böse Streiche im Kopf, und immer war sie, die Hyäne, das Opfer der Spitzbübereien. Dabei konnte sie diesem losen Burschen nicht einmal zürnen, denn ihr gegenüber war er stets freundlich, ja zuvorkommend. Er war nun einmal ein unwiderstehlicher Lausejunge, dieser Schakal. Dennoch überlegte sie hin und her, ob es nicht besser sei, sich von ihm zu trennen und nicht mehr mit ihm eine gemeinsame Höhle zu bewohnen. Aber da war gerade eine lange Trockenzeit ausgebrochen; es hatte überhaupt keine Regenzeit gegeben. Das Gras war vertrocknet, alle Büsche standen kahl, mit Staub überpudert, das ganze Veld schien tot, die meisten Tiere waren abgewandert, und selbst die Buschböcke hatten in besseres Weidegebiet hinübergewechselt. Was sollte die Hyäne jetzt ohne den Schakal? Gerade in dieser schlimmen Zeit? Dieser schlaue Bursche wusste ja immer noch einen Ausweg und fand immer noch eine Möglichkeit, um an Nahrung zu kommen. Doch, es ist schon gut, es mit ihm nicht ganz zu verderben und ihn zu ertragen, wie er nun einmal war.

Wieder einmal kehrten die beiden Gesellen in der Morgendämmerung hungrig nach Hause zurück; weit und breit war keine Rissstelle mehr, nirgendwo die Witterung eines Hasen oder eines Perlhuhns, wahrhaftig, die Trockenheit begann sich verhängnisvoll auszuwirken. Während sie so dahinwanderten und vor Hunger kaum noch laufen konnten, klagte der Schakal: „Ach, ich Unglücklicher, dass ich mit solch einem Gefährten behaftet sein muss! Warum ist nicht der starke Löwe oder der schlaue Springhase mein Gefährte geworden, sondern nur die schwerfällige Hyäne! Wie leicht könnte ich für mich allein sorgen und meinen Hunger stillen. Statt dessen muss ich für die Hyäne mit jagen; dabei ist sie so ungeschickt und dumm, dass sie alles Wild vergrämt. Nein, das ist kein Jagdgefährte, das ist weiter nichts als ein Bruder Ungeschick“ .

Die Hyäne vernahm das Klagen des Schakals und schämte sich, und in ihrer Einfalt dachte sie darüber nach, wie sie es anfangen konnte, selbst auf Jagd zu gehen oder wenigstens einmal ordentlich für die gemeinsame Nahrung zu sorgen. Ich muss mich wirklich anstrengen, dachte sie, ich muss Nahrung herbeischaffen, sonst schimpft er mich noch weiter aus, und ich habe nicht einmal das Recht, ihm zu widersprechen.

Der Schakal bemerkte die Niedergeschlagenheit seiner Gefährtin, und in seinem schlauen Sinn wusste er, dass sein Klagen bereits Früchte trug. Jetzt war die Hyäne mürbe, das wusste er, jetzt konnte er sie leicht beeinflussen und ihr den Streich spielen, den er bereits ausgebrütet hatte.

„Du gehst so trübsinnig dahin, liebe Hyäne“, sagte er plötzlich ganz freundlich. „Ich kann mir denken, dass dich der Hunger quält und vielleicht auch die Sorge um die Beschaffung einer anständigen Nahrung“.

„So ist es“, sagte die Hyäne.

„Quäle dich nicht weiter, liebe Hyäne“, heuchelte der Schakal, „sondern überlasse die Sorge für die Nahrungsbeschaffung deinem treuen Freund Schakal. Mit dem Wild ist jetzt nichts mehr zu machen. Die Gegend ist zu wildarm geworden durch die lange Trockenheit, so werde ich denn hinübergehen in die Werft der Damara und dort eine Kalebasse mit Fett erstehen“.

Die Hyäne stutzte. Sollte sie dieser Freundlichkeit trauen? Steckte nicht schon wieder ein neuer Streich dahinter? Aber gleich schalt sie sich ob solcher Gedanken. Wie kann ich nur so schlecht von ihm denken, sagte sie sich. Er macht mir keine Vorwürfe mehr, er will sogar selbst hinübergehen in das Lager der Damara, um dort eine Kalebasse mit Fett zu besorgen. Wie könnte ich ihn allein gehen lassen? Nein, das wäre undankbar vor mir. Und laut sagte sie: „Lieber Schakal, geh‘ nicht in die Werft, denn die Menschen sind uns nicht wohlgesonnen; zu oft hast du ihnen böse Streiche gespielt. Ich meine, wir hätten allen Grund, einer Begegnung mit Menschen auszuweichen. Ich habe Angst um dich, lieber Schakal, gehe nicht dorthin“ .

„Ich werde doch zu den Damara gehen“, sagte der Schakal, „und du wirst mich nicht begleiten, liebe Hyäne, denn deine starke Witterung könnte uns verraten. Du bist schwerfällig, und dein hinkender Gang ist nichts für eine Flucht, wenn sie uns erwischen. Deshalb bleib‘ hier und warte auf mich“. Mit diesen Worten ging er fort und kam unbemerkt in die Werft der Menschen. Er drang bis in die Hütte vor, wo die Kalebassen mit Fett standen, lud eine davon auf seine Schultern, nahm auch noch ein großes Stück Fleisch mit und eilte rasch zurück in seine Höhle, wo die Hyäne wartete.

„Schau' her, liebe Hyäne!" rief er ihr zu, „hier habe ich die Kalebasse mit Fett aus der Hütte, und Fleisch habe ich auch mitgebracht, schau' nur einmal her, welch' schönes und kräftiges Fleisch es ist. Ich werde es braten, und wir werden es gemeinsam essen".

„Lieber Schakal", klagte die Hyäne „du bringst schon wieder neues Unheil über uns. Sie werden sich aufmachen, deine Spuren verfolgen, hierher finden und uns wegen des Diebstahls zur Rede stellen. Nein, ich will mit der Sache nichts zu tun haben, ich fürchte mich vor der Rache der Menschen".

„Du einfältiges Ding", tadelte der Schakal und setzte sein unschuldigstes Gesicht auf. „Was bedeutet den Damara diese kleine Kalebasse mit Fett und dieses Stückchen Fleisch! Ihre Hütte war so vollgespickt mit Fett und Fleisch, dass sie die Kalebasse und das Fleisch bestimmt nicht vermissen werden".

„Und trotzdem habe ich Angst", klagte die Hyäne. „Dann brate ich mein Fleisch allein", trotzte der Schakal.

„Brate es nur, lieber Freund, du wirst sehen, dass die Menschen uns auf das Fell rücken, und dann wehe uns! Ich habe nichts mit der Sache zu tun". Der Schakal ließ sich nicht abhalten, sondern briet das Fleisch, tat reichlich Fett dazu, und währenddessen hockte die Hyäne weit weg und schielte nur hin und wieder verlangend zum Feuer hin, wo es so verlockend britzelte und brutzelte. Der Bodenwind brachte den Bratenduft bis an ihre schwarze Nase, und sie konnte es bald nicht mehr aushalten vor Gier. So kam sie denn langsam näher und näher. „Zier' dich doch nicht so", lockte der Schakal. „Schau her, das Fleisch ist so gar, wie ein Fleisch nur gar sein kann. Niemals habe ich einen so leckeren Braten gerochen. Der wird uns schmecken, meinst du nicht?"

„Ich weiß nicht, ob ich davon essen soll", zögerte die Hyäne. „Wenn ich nicht davon esse, können die Damara mich auch nicht für den Diebstahl bestrafen, nehme ich aber deine Einladung an, dann bin ich mitschuldig. Ich möchte ja schon ganz gern, aber – – –"

„Hähähä, hähähä!" lachte der Schakal, „du bist dümmer, als ich vermutete, du fürchtest dich vor der Rache der Menschen. Ich aber sage dir, die Leute werden nicht kommen, weil sie niemals den Diebstahl bemerken werden. Hier, nimm und iss, es ist ein wirklich guter Braten".

Jetzt konnte die Hyäne auch nicht widerstehen. Die beiden Kumpanen fraßen das leckere Fleisch, das im gestohlenen Fett gebraten war, und sie legten sich dick gefressen und faul unter einen Kameldornbaum und schliefen bald ein.

Inzwischen aber hatten die Damara den Diebstahl bemerkt und waren der Fährte gefolgt. Sie kamen zur Höhle und fanden dort die geleerte Kalebasse, die sie sofort wiedererkannten. Dann gingen sie weiter, immer den Spuren nach und fanden die beiden Diebe schlafend unter dem Baum.

„He, ihr Spitzbuben!" riefen die Damara und rüttelten die Schläfer wach. „Kennt ihr diese Kalebasse? Wie, ihr behauptet diese Kalebasse nicht zu kennen? Ihr habt sie doch aus dem Vorrat unserer Werft gestohlen, zusammen mit einem großen Lappen Fleisch. Ihr habt Fett und Fleisch verzehrt. Los, steht auf, ihr habt euch jetzt vor unserem Gericht zu verantworten".

Der Schakal tat unschuldig und ganz demütig und leugnete alles: „Ich soll diese Kalebasse gestohlen haben? Niemals würde ich es wagen, etwas anzufassen, was nicht mir gehört. Seht doch, meine Freundin, die Hyäne und ich, haben eine Rissstelle gefunden, und uns von armseligem Aas und von Knochen genährt. Wir sind wirklich arme Leute, jawohl, arm, aber ehrlich!"

„Das werdet ihr dem Gericht erzählen", erwiderten die Bestohlenen und zerrten die beiden Spießgesellen mit sich fort.

Als sie nun vor dem Gericht standen, jammerte der Schakal: „Wenn ihr Menschen, die ihr so schlau seid, alle Fährten zu erkennen, einwandfrei festgestellt habt, dass die Kalebasse gestohlen wurde und obendrein auch noch ein Lappen Fleisch, so muss das wohl stimmen".

Das Gericht nickte dazu. „Der Diebstahl ist festgestellt", fuhr der Schakal fort, „und der Dieb muss bestraft werden".

„Jaja, so ist es, der Dieb muss bestraft werden".

„Aber nur der Dieb soll bestraft werden", meinte der Schakal, „denn es wäre ungerecht, alle beide zu bestrafen. Der andere soll frei und ungehindert wieder nach Hause gehen dürfen".

„So ist es. Der Dieb wird bestraft, und der andere darf frei und ungehindert wieder nach Hause gehen“.

„Gut, dann muss das Gericht feststellen, wer das Fett gefressen hat!“ rief der Schakal, „denn ohne Zweifel wird der Dieb die leckere Kost verschlungen haben“.

„Jaja, so ist es“, meinten sie, „aber wie willst du das feststellen, Schakal, wie kann man nachträglich noch herauskriegen, wer das viele Fett gefressen hat?“

„Nichts ist einfacher“, lachte der Schakal, der langsam merkte, dass er schon gewonnen hatte. „Die beiden Beschuldigten, Hyäne und ich, werden sich in die Sonne legen, da, wo sie am heißesten ist, und dann muss ja die Hitze das Fett wieder zum Schmelzen bringen und derjenige, bei dem das Fett wieder herausläuft, das ist der Dieb. Handelt so, ihr weisen Richter, und ihr werdet sehen, dass die Sonne meine Unschuld bezeugt“.

Das Gericht überlegte hin und her und fand schließlich den Vorschlag des Schakals ganz lustig und einleuchtend. Sie wiesen den beiden Beschuldigten einen Liegeplatz in praller Sonne an, sie selbst aber setzten sich in den Schatten eines Kameldornbaumes und warteten. Es dauerte nicht lange, da bemerkte der Schakal, dass sich unter ihm ein Fettfleck bildete. O weh, wie dumm! Er hatte doch so vorsichtig von dem herrlichen Fett genossen und der Hyäne das meiste davon überlassen. Wenn jetzt die Damara aufstehen und nachsehen – dann –, ja dann war es um ihn geschehen! Er schielte vorsichtig zu den Richtern hin, aber die schauten gerade weg ins Gelände und unterhielten sich. So flüsterte er der Hyäne ins Ohr: „Laß mich mal rasch an dir vorbei, den Platz wechseln, ich liege auf einer Klippe, die sich ganz spitz in meine Rippen bohrt“. Dabei seufzte er so schmerzhaft, dass die Hyäne ganz gerührt war und voll Mitleid rückte.

Sowie der Schakal nun an seinem neuen Platz lag, rief er: „He, ihr Männer, kommt rasch her und überzeugt euch, bei wem das Fett herausgelaufen ist. Seht, mein Platz ist rein“.

Die Richter kamen und stellten fest, dass beim Schakal tatsächlich kein Fettfleck vorhanden war, wogegen neben der Hyäne die Klippen ganz dunkel waren vom vielen geschmolzenen Fett. „Aha, dann ist also die Hyäne der Dieb. Aber wie kommt es dann, dass es keine Hyänenspuren, sondern Schakalspuren waren, die wir in der Hütte entdeckten? Hier stimmt etwas nicht. Ihr seid beide schuldig, ihr habt zusammen gestohlen und zusammen gefressen, und so sollt ihr auch beide eure Hiebe erhalten".

Mit diesen Worten fielen sie über die Hyäne her und verprügelten sie gewaltig. Als sie nun den Schakal vornehmen wollten, jammerte der Bursche reuevoll: „Ja, ihr Männer, ihr habt recht. Ich bin ein Dieb und nicht würdig, von euch geschont zu werden. Prügelt mich nur tot, dann habt ihr endlich Ruhe vor meinen Streichen und Räubereien; ich werde mich ja doch nicht mehr bessern, dafür bin ich zu alt geworden. Aber das Prügeln strengt an, ich weiß es. Was sollt ihr euch bei dieser Hitze auch noch für mich anstrengen. Deshalb schlage ich vor: Packt mich am Schwanze, schwenkt mich einige Male kräftig im Kreise herum und schleudert mich dann heftig zu Boden, dann bin ich tot und habe endlich meine verdiente Strafe. Und noch ein guter Rat: reibt euch die Hände vorher tüchtig mit Fett ein, dann könnt ihr mich viel besser packen und viel wuchtiger umherschwenken. Tut es, und ihr werdet sehen, wie rasch ihr mich totgeschlagen habt, so wie ich es längst verdiente".

Die Männer berieten hin und her und schließlich einigten sie sich, diesen letzten Wunsch des reumütigen Schakals zu erfüllen. Gut, er sollte so sterben, wie er es selbst vorgeschlagen hatte. Der Stärkste unter ihnen fettete sich seine Hände tüchtig ein, packte den Schakal am Schwanz und wirbelte ihn in der Luft umher, um ihn dann nach dem dritten Umherwirbeln mit aller Wucht auf die Erde zu schlagen. Aber schon beim zweiten Umherwirbeln glitten die fettigen Hände vom Schwanz des Schakals ab, und durch den Schwung flog der Schakal in weitem Bogen durch die Luft und fiel erst in guter Entfernung wieder zur Erde.

„Schönen Dank!" rief er höhnisch, „euer Fett und euer Fleisch haben mir gut geschmeckt, und die Prügel habe ich auch nicht bekommen, sondern meine Gefährtin, die dumme Hyäne! Ihr habt die Kraft, ihr Menschen, mir aber gehört die List".

Damit entfloh er, und man konnte sein höhnisches Geckern draußen im Veld hören.

Der Löwenritt des Schakals

Es war eine mondhelle Nacht. Die Sterne funkelten. Kein Lüftchen regte sich, und daher bekamen die kleinen Buschbewohner, die Springhasen und die Perlhühner, auch keine Witterung von ihren Feinden, und der jagende Schakal konnte viele von ihnen reißen und fressen. So war er denn bald satt und streifte übermütig durch den Dickbusch und überlegte einen neuen Streich. Er lachte, als er die kleinen Tiere bei seinem Auftauchen jäh fliehen sah: „Euch tue ich heute nichts mehr", sagte er, „ich bin satt und zufrieden, ich will nur noch ein lustiges Abenteuer erleben, weiter nichts." Da sah er plötzlich die Spur des Löwen. Er bemerkte, dass die Fährte nach auswärts führte und nicht in die Höhle.

Aha, dachte der listige Schakal, der Löwe ist auch gegangen, um seine Fallen und Schlingen nachzusehen. So schnell wird er gewiss nicht wieder zurückkehren. Wie wäre es, wenn ich einmal der Höhle des Löwen einen Besuch abstatten würde? Das gäb' eine Nachricht für meine Freunde und Bekannten! Ja, das werde ich tun, ich werde hingehen und dann überall erzählen, wie es in der Höhle des Löwen aussieht. Viele sind schon hineingegangen in diese Höhle, aber bisher ist noch keiner lebendig wieder herausgekommen. Ich will es wagen, ich kann es wagen, da der Gewalttätige im Augenblick auswärts weilt.

Gesagt, getan. Der Schakal lief zur Höhle des Gewaltigen. Am Eingang der Höhle lagen die beiden Löwinnen und blinzelten müde in das mondüberschienene Veld. Sie waren gerade dabei einzuschlafen, als der Schakal vor sie trat, sich artig verbeugte und sagte: „Ihr Herrinnen, ich möchte zu eurem Herrn und Gebieter, zum Herrn Löwen".

Die beiden Löwinnen fuhren gereizt auf: „Unverschämter, du wagst uns zu wecken! Was willst du beim Herrn Löwen? Verschwinde, aber rasch!"

Sie kamen drohend näher, sie knurrten ihn an, er aber lächelte verbindlich und sprang gewandt an ihnen vorbei in die Höhle, tat, als ob er hier zu Hause wäre. Mit größter Selbstverständlichkeit ergriff er einen trockenen Ast und warf ihn in die Glut, stocherte mit einem andern Ast in der Asche, bis das Feuer wieder hoch aufflammte und die Höhlenwände rötlich beleuchtete. „Ich möchte doch eurem Herrn und Gebieter meine untertänigsten Grüße darbringen", sagte der Schakal, „nur meine Grüße, weiter nichts".

„Und da glaubst du, stinkender Schakal, dich so unverschämt benehmen zu dürfen?“ schrie die ältere der Löwinnen. „Du kommst uneingeladen in die Höhle des Löwen, du störst uns im Schlaf, du wirfst einen trockenen Ast ins Feuer und blickst frech umher!“

„Womöglich verlangt der Bursche auch noch, dass wir ihm zu essen geben“, knurrte die jüngere Löwin dazwischen.

„Warum nicht?“ lachte der Schakal, „wenn die Damen gerade etwas da haben, bin ich nicht abgeneigt. Ich habe zwar heute viel Jagdglück gehabt, aber eine Kudulende, von den Frauen des Löwen zubereitet, und in der Höhle des Löwen verspeist, das muss doch ein ganz besonderer Genuss sein“.

„Unverschämter!“ knurrten die beiden Löwinnen drohend. Der Schakal aber achtete nicht auf ihren Zorn, sondern setzte sich ruhig ihnen gegenüber ans Feuer, strich sein Fell glatt und wedelte lustig mit seinem buschigen Schweif. Doch die Löwinnen blieben feindselig und starrten ihn an, und die ältere Löwin drohte: „Warte, wenn der Löwe, der auch dein Gebieter ist als Herr aller Tiere, wenn der zurückkommt, dann wirst du deine Frechheit mit dem Tode büßen müssen“. Der Schakal aber zeigte keine Furcht, sondern fuhr fort, emsig sein Fell glattzustreichen und mit dem buschigen Schweif zu wedeln.

„Wenn der König dich hier trifft!“ brüllte die junge Löwin, „dann wird er dich mit einem einzigen Tatzenhieb zerschmettern, denn er ist groß und mächtig, König und Herr, gefürchtet von Menschen und Tieren“. Der Schakal lächelte überlegen und sagte: „Ha, was geht mich euer Herr und Gebieter an, euer König! Für euch mag er Herr und Gebieter sein, für mich ist er bestenfalls ein Reittier, nicht mehr und nicht weniger als irgendein Wildesel, der durch das Veld streift“. In Wirklichkeit kannte der Schakal die große Überlegenheit des Löwen, er wusste aber auch, dass Kraft und List nicht immer im gleichen Körper vereint sind. Der Löwe besaß die Kraft, er aber, der Schakal, verfügte über die List.

Die beiden Löwinnen blieben zuerst sprachlos über soviel Frechheit. Dann aber brüllten sie beide, dass die Wände der Höhle davon erzitterten: „Dein Reittier, du stinkender Wicht? Unser Herr und Gebieter, der König aller Tiere, sei für dich weiter nichts als ein Reittier!? Das musst du mit einem grausamen Tode büßen!“

Sie schickten sich an, über das Feuer hinwegzuspringen, um den Unverschämten mit Krallen und Tatzen zu strafen, er aber warf noch ein

Scheit Holz auf das Feuer, sodass die Flamme hochauflоderte und für ihn einen Schutzwall bildete, und geckerte frech: „Aber meine Damen, wie kann man so schreien; als die hohen Gemahlinnen eines Königs darf man sich doch nicht so benehmen und brüllen, dass die Höhlenwände zittern! Ich habe doch nur die Wahrheit gesagt, und es ist so, wie ich es behaupte: Euer Herr und Gebieter ist für mich weiter nichts als ein Reittier".

Mit diesen Worten sprang er geschickt an den erzürnten Löwinnen vorbei ins Freie und trabte sofort den Löwenspuren nach, bis er in die Nähe der Schlingen und Fallgruben kam und dort die Witterung des jagenden Löwen bekam. Da ließ er sich auf die Erde fallen und jammerte ganz schrecklich. Der Löwe vernahm das Wehgeschrei des Schakals und kam näher. Er hatte reichliche Beute in seinen Schlingen und Fallen vorgefunden und war deshalb guter Laune.

„Ach, du bist es, Schakal", sagte er, „was fehlt dir denn, du armer Wicht, was schreist du so schrecklich?"

„Ach-ach-ach", klagte der Schakal, „ich muss sterben, mir kann niemand helfen, guter Löwe, und das Schlimmste ist, dass ich hier allein im Dickbusch sterben muss, und meine Sippe weiß nicht einmal, wo ich geblieben bin".

„Ich will dir helfen", sagte der Löwe. „Ich werde eine Schlinge knüpfen und dich ziehen, wenn du nicht laufen kannst".

„Eine Schlinge?" wehrte der Schakal entsetzt ab. „Um alles in der Welt, nur ja keine Schlinge. Ich könnte den Schmerz nicht aushalten, wenn du mich über die Grasbüschel und die unebene Erde hinwegziehen würdest".

„Ja, was mache ich denn da mit dir?" sagte der Löwe und überlegte scharf. „Wie wäre es, wenn ich dir ein Reittier besorgte? Ich weiß, da drüben in der Lichtung weiden einige Wildesel. Ich werde hingehen und ihnen dein Leid erzählen, und einer von ihnen wird dich ganz sicher nach Hause tragen. Ich bin ja ihr König, und sie werden mir gehorchen".

„Nein, nein, tue es nicht, lieber Löwe, bleibe bei mir, hoher Herr und König", flehte der Schakal. „Ich könnte das Gestampfe eines Huftiers nicht aushalten. Ja, wenn solch ein Wildesel deinen leisen Gang und deinen zarten Fuß hätte – aber so – nein, diese Erschütterungen auf dem Rücken eines Wildesels oder eines anderen Reittieres könnte ich nicht aushalten. O weh mir, ich muss sterben, ich muss sterben unter grässlichen Schmerzen, fernab von meiner Sippe“.

Der Löwe war gerührt von soviel Schmerz und empfand königliches Mitleid mit dem armen Gesellen. Er überlegte hin und her. Konnte er es mit seiner Königswürde vereinbaren, den Schakal auf seinen eigenen Rücken zu nehmen? Nein, er konnte es nicht gut. Auf der anderen Seite aber war es ganz und gar unköniglich, einen Untertan, und sei es auch nur ein geringer Schakal, einsam und fern seiner Sippe im Veld verelenden zu lassen. Es wird mich ja niemand sehen, dachte der König, es ist ja Nacht, und alle Tiere weichen mir ja aus. Er kauerte sich nieder und sagte zum Schakal: „Gut, es sei! So klettere auf meinen Rücken, ich will dich zu deiner Sippe tragen, sage mir nur, in welcher Richtung deine Höhle liegt".

„Die Pad zu meiner Höhle, o großer Herr und Gebieter, führt genau an deiner Höhle vorbei", sagte der Schakal, und kletterte auf den Rücken des Löwen, hielt sich dort im Reitsitz fest. „Du bist so gütig, hoher Herr, und deine Großmut werde ich im ganzen Tierreich erzählen".

Bei diesen Worten verzog der Schakal sein Gesicht zu einer höhnischen Fratze, aber dies sah der Löwe nicht, sondern trabte rasch aber dennoch mit sanftem Schritt die Pad entlang. Er vermied jede Unebenheit, nur um den kranken Schakal auf seinem Rücken zu schonen, und bald kam die Höhle des Löwen in Sicht.

Als die beiden Löwinnen von weitem ihren Herrn und Gebieter kommen sahen, stürzten sie aus der Höhle, um ihm den Zwischenfall mit dem frechen Schakal zu erzählen. Aber plötzlich stutzten sie und staunten. Denn auf dem Rücken ihres Herrn und Gebieters sahen sie denselben Schakal als Reiter. Sie trauten ihren Augen nicht. Wie war es denn möglich? Sie blickten sich an und dann wieder den Schakal, und nun war für den Listigen der rechte Augenblick gekommen: „Seht ihr wohl, ihr beiden Löwinnen, euer Herr und Gebieter ist das, was ich euch gesagt habe, mein Reittier". Mit diesen Worten sprang er in einem mächtigen Satz seitwärts in den Busch und brachte sich in Sicherheit. „Hab' Dank, großer Herr Löwe, dass du mein Reittier warst!" rief er geckernd zurück.

Die Löwinnen aber tobten, der Löwe brüllte seinen Zorn in die Nacht hinaus. Aber er konnte die Schmach niemals mehr abwaschen, und alle Tiere erfuhren es bald, dass ihr Herr und König einmal das Reittier des listigen Schakals gewesen war, weil List wieder einmal über Kraft siegte.

Warum der Mond so traurig geht

In der Urzeit war der Mond gar kein Mond, sondern ein Buschmann. Und der war so hässlich, dass ihn seine eigene Sippe ausgestoßen hatte. So lebte der hässliche Buschmann einsam, und keine Gefährtin war da, ihm das Fleisch und die Veldkost zu rösten, wenn er müde von der Jagd nach Hause kam. So kann es nicht weiter gehen, sagte sich dieser Buschmann und beschloss, eine Frau zu suchen. Eine schöne Frau sollte es sein, mit breiten Hüften und geschickten Händen, eine Frau, die unermüdlich auf der Veldkostsuche wäre. „Aber wo finde ich solch eine Frau?“ jammerte der Hässliche.

Während er so jammerte und dahinschritt, sah er plötzlich im Dickbusch einen Gaukler. „He du, Freund Gaukler!“ rief der Buschmann, „Du hast die schärfsten Augen, weil du dich in der Hauptsache von den Augen gefallener Tiere ernährst. Überall blickst du hin, nichts bleibt dir verborgen, so sage mir nun, wo ich eine Frau finde, eine schöne Frau, denn ich bin des Alleinseins müde geworden“.

„Räh, räh!“ rief der Gaukler und plusterte sich auf vor Stolz über so viel Lob und Anerkennung. „Räh, räh, Buschmann, ich will dir verraten, wo ein schönes, mannbares Mädchen wohnt. Da drüben, jenseits vom Rivier, lebt sie; es ist die Tochter des Duiker, räh, räh“. Damit erhob sich der Gaukler und schwebte lautlos davon, denn seine scharfen Augen hatten in der Ferne eine frische Rissstelle entdeckt. Im raschen Gleitflug eilte er zum leckeren Mahle.

Die Tochter des Duiker! wunderte sich der Buschmann, aber so muss es wohl sein, denn Gaukler sprechen immer die Wahrheit. Ich werde hingehen, und die Tochter des Duiker freien.

Nach langer Wanderung kam er in die Werft der Duikersippe und begab sich schnurstracks zur schöngedeckten Grashütte des Duiker. Nach der üblichen Begrüßung brachte er seinen Wunsch hervor. Der Duiker war zuerst sprachlos über soviel Kühnheit. Wie konnte ein Mensch, der so hässlich war wie dieser Buschmann, eine solch schöne Tochter freien wollen! Er hatte nicht einmal ein ordentliches Gesicht, dieser Freier, sondern einen Kopf, rund wie eine Kugel. Und die Nase? Nein, eine Nase hatte er nicht. Aber was den Duiker noch mehr entsetzte, war die Feststellung, dass der Freier überhaupt keine Augen hatte. Nein, die Augen, die doch jeder anständige Mensch im Gesicht trägt, die waren nicht vorhanden. Aber wie konnte er sehen, dieser Fremde? Der Duiker musterte ihn scharf. Irgendwo mussten sie doch sitzen, diese Augen! Auf der Brust waren sie nicht, auf dem Rücken auch nicht, vielleicht an den Knien? Keine Spur von Augen an den Knien. Und da sah der Duiker plötzlich zwei Augen, die ihn neugierig musterten, die Augen des Buschmannes, und die saßen dort, wo sich bei einem normalen Menschen die Nägel der großen Zehen befinden. Ha, so ist das, dachte der Duiker, aber er sagte nichts. Aber gleich kamen ihm wieder Zweifel: Waren es wirklich Augen, oder sahen die Zehennägel dieses Fremdlings nur so aus? Er beschloss, diesen Fall zu klären, denn schließlich hat man als Vater einer mannbaren Tochter, die dazu noch hübsch ist, ein gutes Recht alles zu wissen, was den zukünftigen Schwiegersohn angeht. Aber wie konnte er solches anstellen? Den Fremden fragen – nein! Das wäre ja die Verletzung jedes Anstandes, den man dem Gast und Fremdling schuldig ist. Der Duiker überlegte, und plötzlich kam ihm ein rettender Gedanke:

„Fremdling", sagte er, „es ist Zeit zur Veldkostsuche. Komm, begleite mich, ich weiß einen schönen Platz, dort gibt es viele Zwiebeln und andere schmackhafte Wurzeln. Und vielleicht finden wir im Vorbeigehen sogar noch eine Rissstelle mit viel gutem Fleisch, denn vorhin sah ich die Geier herabstoßen, komm, lass uns gehen".

Der Fremdling schloss sich an, und bald hatten sie das Veld mit den vielen schmackhaften Knollen erreicht. Der Buschmann mit dem runden Kopf und dem Gesicht ohne Augen wollte einer Zwiebel zuerst das Kraut abreißen, um dann erst die Wurzel auszugraben, aber der Duiker wehrte ab: „Du darfst das Kraut nicht abreißen", sagte er, „alle Wurzeln und Knollen lassen sich leichter rösten, wenn das Kraut noch dran ist". Dies sagte der Duiker, weil er einen Plan gefasst hatte, zu dessen Ausführung er die Veldkost mit dem Kraut benötigte. Endlich hatten sie genügend Knollen gesammelt und zündeten ein Feuer an. Der Duiker fasste die Knollen am Kraut, und hielt sie ungeschickt über die Glut. Er stellte sich so unerfahren an, dass der Buschmann mit dem hässlichen Kopf lachen musste.

„Warum lachst du mich aus?" fragte der Duiker und tat sehr erbost.

„Hihihihi!" antwortete der Großkopf, „hihihihi! Da soll man nicht lachen, wenn sich einer so dumm anstellt wie du! Man hält doch die Knollen nicht übers Feuer, sondern man legt sie in die heiße Asche, dann sind sie rasch geröstet".

„Wie schlau du bist!“ heuchelte der Duiker, „wahrhaftig, du bist ein ganz schlauer Buschmann. Aber zeig mir doch wie man die Knollen am besten röstet, oder vielmehr lege sie mir in die Asche, so wie du es für richtig hältst“. Mit diesen Worten stellte der schlaue Duiker dem dummen Buschmann eine Falle.

„Nichts ist leichter“, prahlte der großköpfige Buschmann und trat ganz nahe an das Feuer. „Sieh her, alle Knollen werden hier in die Asche gelegt, und dann wird die Asche mit dem Grabstock wieder darüber gehäuft“.

„So, wie ich es jetzt tue?“ fragte heuchlerisch der Duiker und schob glühende Asche in die Nähe des Fremden. Und er wühlte so ungeschickt mit dem Grabstock in der Glut herum, dass Asche und Kohlen auf die Füße des Fremdlings spritzten.

„Weh, meine Augen, weh!“ schrie der Buschmann mit dem Rundkopf und rannte schmerzgepeinigt davon. Der Duiker aber lachte hinter ihm her: „Haha, du Hässlicher! Ein Gesicht hast du wie eine riesenhafte Uintjie , deine Augen sitzen dort, wo andere Leute ihre Fußnägel haben, und solch eine Missgeburt möchte die schöne Duikertochter freien! Ha, ich habe dich nur auf die Veldkostsuche mitgenommen, um dich zu entlarven“.

Der fliehende Buschmann hörte noch diese höhnisch gerufenen Worte des Duiker, und er beschloss, sich bei nächster Gelegenheit zu rächen. Jetzt erst recht wollte er die schöne Duikertochter freien, jawohl, jetzt erst recht! Welch‘ eine Rache, wenn es ihm gelänge, die schöne Tochter zu seiner Frau zu machen! Aber wie konnte dies geschehen? Niemals durfte er es wagen, mit seiner ganzen Hässlichkeit der Duikertochter vor die Augen zu treten. Ein Buschmann, der ein Gesicht hat wie ein Uintjie und Augen an Stelle von Zehennägeln, der kann sich wirklich nicht sehen lassen.

„Ich werde mein Gesicht verdecken“, sagte der Hässliche, „und obendrein werde ich nur bei Dunkelheit in die Werft der Duikersippe zurückkehren, ja, das werde ich“. Und so geschah es. Der Buschmann zog das Fell eines Erdwolfes über seinen Kopf, nahm seine Augen aus den Zehen, setzte sie in das Fell an die Stelle, wo Augen hingehören und begab sich zur Werft der Duikersippe. Im Schein des Feuers konnte man nicht erkennen, dass die Augen nur angesetzt waren und das Gesicht in Wirklichkeit unter einem Fell verdeckt lag.

„Ich bin ein Buschmann, meine Werft liegt in einem guten Jagdgebiet jenseits vom Rivier“, sagte er zum Duiker. „Ich habe die Schönheit deiner mannbaren Tochter rühmen hören und bin gekommen, sie zu freien. Gib mir deine Tochter zur Frau“.

Der Duiker betrachtete den Fremden vom Kopf bis zu den Füßen. Ja, das war wenigstens noch ein stattlicher Mann, nicht solch eine Missgeburt wie der Buschmann, der jüngst dagewesen war, um die schöne Duikertochter zu freien, ein Kerl mit einem flachen Gesicht ohne Augen. Auf den großen Zehen hatte er seine Augen, jener Bursche! Dieser Fremdling aber hatte seine Augen im Gesicht, dort, wo Augen nun einmal hingehören. Wohlan, der soll meine Tochter haben!

Die hübsche Duikertochter wurde gerufen und die Heirat sofort abgeschlossen. Das junge Paar zog in eine gemeinsame Grashütte.

Es wurde Morgen, es wurde Tag, es ging schon fast auf Mittag, aber immer noch schlief der junge Ehemann in der Grashütte. Endlich ging die Schwiegermutter hinein, weckte den Langschläfer und rief: „Steh auf und tritt heraus, Mann meiner schönen Tochter! Nach alter Sitte werde ich dich mit geweihtem Osombanui-Wasser abwaschen“ (Osombanui = eine sehr wasserreiche Knolle). Der junge Ehemann wurde wach und erschrak heftig. O weh, daran hatte er nicht gedacht! Jetzt wird man ihn erkennen. Er hatte sich vorgenommen, den ganzen Tag in der Hütte zu bleiben und nur nachts hervorzukommen. „Lass mich ruhen, Mutter“, bat er, aber die Sippenalte antwortete hartnäckig: „Nein, du Mann meiner Tochter, du darfst nicht länger in der Hütte weilen, du musst mit dem geweihten Osombanui-Wasser gewaschen werden, dies ist die Sitte unserer Väter. Tritt heraus, Mann meiner Tochter, auf dass ich dich mit dem geweihten Osombanui-Wasser wasche, so wie es die Stammessitte verlangt“. Jetzt konnte sich der Buschmann nicht mehr länger wehren. Zögernd kam er hervor und sprach: „Wasch meinen Körper mit dem geweihtem Osombanui-Wasser, o Mutter, aber benetze nicht mein Gesicht, nur meinen Körper wasche so, wie es die Stammessitte will“.

Die Sippenalte begann mit der Waschung, und der junge Ehemann hielt krampfhaft mit beiden Händen die Fellkappe fest, die sein Gesicht verbarg.

„Nimm die Fellkappe fort, o Mann meiner Tochter“, sagte die Sippenalte. „Lass mich wenigstens, wenn ich schon nicht dein Gesicht mit dem geweihten Wasser waschen soll, damit deinen Hals benetzen“.

Sie wusch den Hals des Schwiegersohnes und dabei lüftete sie mit einer raschen Bewegung die Fellkappe, und alle sahen das hässliche Gesicht ohne Nase, ohne Mund, ohne Augen. Ehe sie aber auf ihn eindringen und ihn erschlagen konnten, sprang der Hässliche zur Seite und lief weg. Von der Höhe einer Klippe rief er zur Duikerwerft hinab: „He, ihr Duiker, ich habe euch doch überrumpelt, und das war meine Rache für die mit glühender Asche verletzten Augen. Die schönste Duikertochter war meine Frau, hah, ihr dummen Duiker, schaut her, ich bin der Hässliche ohne Augen im Gesicht!" Damit riss er die Fellkappe vom Kopf, und alle sahen das runde, hässliche Gesicht, und die ganze Duikersippe war traurig, weil dieser Hässliche sie so narren konnte.

Wenige Tage später zog die schöne Duikertochter mit ihrer Mutter auf Veldkostsuche. Der Zorn über die schmachvolle Behandlung durch den Hässlichen war bereits verraucht. Die beiden Frauen kamen an eine frische Rissstelle; der Leopard hatte hier kurz zuvor einen Buschbock gerissen. „Mutter!" rief die schöne Duikertochter, „welch ein herrliches Fleisch! Schau her!" Sie lief hin, sie bückte sich, und da wurde sie plötzlich von zwei starken Armen umfasst, hoch gehoben und entführt. Der Hässliche war es, der Buschmann mit dem großen Kopf ohne Augen. Er hatte der schönen Duikertochter am Leopardenriss aufgelauert, um sie zu rauben und in seine ferne Werft zu bringen. Mutter und Tochter aber schrien laut um Hilfe, und da eilten alle Männer der Duikersippe herbei, denn sie waren in der Nähe auf Veldkostsuche. Sie liefen dem Hässlichen nach, der mit seiner schweren Beute nur langsam vorwärts kam. Sie holten ihn ein und schlugen ihn nieder, und einer schlug mit seinem Kirri so heftig gegen den runden Kopf des Hässlichen, dass sich dies grässliche Haupt vom Rumpfe löste und wie eine Scheibe in die Luft rollte. Aber der Kopf kam nicht mehr zur Erde herunter, sondern er rollte immer weiter und immer höher zum Entsetzen aller Anwesenden. Und er rollte, bis er ganz hoch an den Himmel kam, wo er stehen blieb. Seither sieht man diesen Kopf ohne Augen, ohne Mund und ohne Nase am Himmel stehen und nachts auf die Erde heruntersehen. Und die Menschen nennen ihn Mond; nur manchmal sehen sie die Augen des Hässlichen, wenn er ganz rund und ganz groß ist, dann hat er seine Augen eingesetzt, um auf die Erde herabzuschauen und seine junge Frau zu suchen, die schöne Duikertochter. Wenn aber zur späten Nachtstunde der Tau niederrieselt, dann sagen die Buschleute: „Seht, der Hässliche weint schon wieder, weil er sie auch diese Nacht nicht gefunden hat, seine schöne junge Frau, deshalb weint er, der Hässliche, ja, deshalb weint er!"

Wie Kasamko fliegen lernen wollte

Kasamko, der Buschmann, lebte vor Urzeiten in der Nähe eines Rotkopfspechtes, der aber in Wirklichkeit aussah wie ein Buschmann. Dieser Rotkopfspecht war mit Gott selbst verwandt und konnte sich verwandeln, wie es ihm beliebte. Bald war er ein Buschmann, bald ein Rotkopfspecht, bald sonst eins der zahlreichen Lebewesen dieser Erde. Kasamko aber wusste nichts von diesen großen und geheimen Fähigkeiten. Er hielt den Rotkopfspecht für einen einfachen Buschmann, wie er selbst einer war.

Eines Tages traf Kasamko seinen Nachbarn, der in Wirklichkeit ein zauberkräftiger Rotkopfspecht war, bei emsiger Honigernte. „Das nenne ich gelernt!" rief Kasamko ihm belustigt zu. „Du hebst die Waben aus, ohne von den Bienen belästigt zu werden, das allein ist schon ein Zauber, meine ich". So redete und lobte er den Nachbarn, denn er hätte gern von dem schönen Honig genascht, ohne selbst zu ernten. Gewiss, Honig schmeckte gut, aber das Einheimsen war meist gefährlich. Er hatte jüngst einige Waben ausheben wollen, und dabei waren die erzürnten Bienen über ihn hergefallen. Mehrere Tage lang hatte er die Augen nicht öffnen können, so war sein Gesicht über und über mit Stichen bedeckt gewesen. Jaja, das Honigessen war schön, aber die Honigernte – geht mir weg mit der Honigernte! Genau so gut kannst du einen Leoparden streicheln. Kasamko stand unter dem Baum und überlegte hin und her, und das Wasser der Gier sammelte sich auf seiner Zunge beim Anblick der leckeren Waben. Er musste schlucken, er nahm sich allen Mut zusammen und rief zum Baum hinauf: „He Nachbar, deine Honigernte ist gut und reichlich, so schenke mir doch ein einziges Töpfchen voll Honig. Mit der kleinsten Kalebasse voll Honig will ich zufrieden abziehen und dir laut danken, ja, das will ich".

„Wenn du Honig schlecken willst", spottete der Nachbar, der in Wirklichkeit ein Rotkopfspecht und ein großer Zauberer war, „dann steige auf den Baum und hole dir die Waben aus den Löchern. Es sind noch sehr viele Waben vorhanden, alle prall voll Honig. Aber vergiss nicht, Kasamko, dass die Bienen einen Stachel haben. Oder hast du bereits vergessen, wie sie dich jüngst zurichteten?"

Kasamko erkannte, dass der Nachbar auf keinen Fall gesonnen war, ihm ein Töpfchen Honig abzulassen. Nun gut, dachte er, ich habe dich höflich gefragt, aber du willst mir keinen Honig abgeben, obschon du davon im Überfluss hast. So werde ich dir einen großen Topf voll Honig ablisten. Bald wird dein erster Topf gefüllt sein, dann wirst du damit vom Baume steigen, um die anderen Töpfe zu holen. Den gefüllten Topf wirst du unten stehen lassen, und wenn du dann oben bist, um den zweiten Topf zu füllen, dann habe ich gewonnenes Spiel, denn Kasamko kann rasch und ausdauernd laufen. Hei, wie mir dein Honig schmecken wird, du Tölpel! So fülle den Topf nur recht voll, damit sich meine List auch lohnt. Einen kleinen Topf Honig hast du mir verweigert, gut, ich werde dir dafür eine ganze Kalebasse voll Honig stehlen.

Während der Buschmann diesen Streich überlegte und in der Vorfreude kicherte, vernahm er plötzlich neben sich ein leises Knistern wie von dürren Laub, das bewegt wird, oder wie das Knittern trockener Gräser. Es waren Ameisen, die Kasamkos Gedanken vernommen hatten und nun flehten: „Lass ab von diesem Plan, du Unglücklicher, er wird dir nicht gelingen. Dein Nachbar ist mächtiger als du, er ist ein Rotkopfspecht und ein Zauberer und mit Gott selbst verwandt. Geh fort von hier, Kasamko, wir raten dir gut, geh fort zu deiner Sippe".

Kasamko hörte nicht auf den guten Rat der Ameisen, sondern blickte unverwandt hinauf zu dem Manne, der die erste Kalebasse voll Honig gefüllt hatte. Beim Gedanken an den lustigen Streich und den nachfolgenden herrlichen Genuss leckte sich Kasamko die Lippen. Jetzt wird er mit der vollen Kalebasse hinuntersteigen und die zweite leere Kalebasse mit hinaufnehmen, und dann – hihihi! – und dann werde ich viel Honig essen.

Der Honigsucher aber war ein großer Zauberer, man weiß es bereits, und als solcher vernahm er die Gedanken des Buschmannes Kasamko und beschloss, die bösen Absichten des Gefräßigen zu durchkreuzen. Er stieg nicht etwa herab, um die gefüllte Kalebasse hinzustellen, sondern er hing das Gefäß kurzerhand an einen Ast. Dann schaute er hinab zu den drei leeren Kalebassen, sprach leise ein Zauberwort und eins der drei Gefäße erhob sich und schwebte langsam empor, bis an die Hand des Mannes, der auf dem Baume saß. O weh, dachte Kasamko, der versteht jeden Zauber, da werde ich lange vergebens warten müssen. So ist es mir nicht möglich, an einen Topf voll Honig zu gelangen, aber einmal muss er ja auch vom Baume steigen und mit seinen Töpfen heim wandern zu seiner Sippe. Dann werde ich ihn bitten, mir einen kleinen Topf voll Honig zu schenken oder wenigstens eine Wabe. Als die zweite Kalebasse gefüllt war, wurde sie an einen Ast gehängt. Der Zauberer schaute wieder zur Erde, sprach ein Zauberwort, und schon flog die dritte Kalebasse hinauf bis zu seiner Hand. Und mit dem vierten Gefäß geschah es ebenso. Kasamko hatte die Zauberformel gut gehört und wiederholte sie mehrere Mal, um sie nicht zu vergessen. Man konnte nie wissen, wozu so etwas gut und nützlich war. Als die vierte Kalebasse gefüllt war, freute sich Kasamko im Gedanken an den bevorstehenden Genuss von Honig. Jetzt wird er heruntersteigen, dachte

er, und ich werde solange betteln, und wenn es sein muss auch drohen, bis er mir wenigstens einen Topf voll Honig gibt. Zur Not bin ich auch schon mit einer Wabe zufrieden. Wiederum drehte sich der Zauberer zur Erde, sprach seine Zauberformel, und siehe, der Tragstock, der unten am Baumstamm gestanden hatte, erhob sich, schwebte empor und legte sich in die Hand des Mannes auf dem Baum. Der Zauberer nahm den Tragstock in den Mund und hing je zwei Honigtöpfe rechts und links davon auf, sprach wiederum ein Zauberwort und wurde sofort in einen Rotkopfspecht verwandelt. Der Vogel, der jedoch in Wirklichkeit ein großer Zauberer war, und sogar verwandt mit Gott selbst, flog sofort auf und davon und nahm die Kalebassen voll leckerem Honig mit in seine Werft. Kasamko aber stand starr voll Staunen über das Gesehene und Erlebte. So war das, so wurde gezaubert! Kein Wunder, dass die Spechtsippe so wohlgenährt aussah. Wer zaubern kann, der braucht keine Not zu leiden. Ich will auch keine Not mehr leiden, ich will es dem Rotkopfspecht gleichtun. Die Zauberworte habe ich mir gut gemerkt, hei, wie werde ich Honig in Hülle und Fülle sammeln! Bei diesem Gedanken tropfte ihm der Speichel über die Lippen vor lauter Gier. Die Ameisen aber krochen an ihm empor und flehten: „Versuche nicht zu zaubern, du kannst es nicht, du wirst es nie können. Dein Nachbar ist kein Buschmann, sondern ein Rotkopfspecht, du hast ja selbst seine Verwandlung gesehen. Zudem ist er mit Gott selbst verwandt, und seine Kräfte sind größer als die Kräfte aller Menschen und Tiere zusammen. Sahst du nicht, wie er erst einem Buschmann glich und sich dann rasch in den Vogel verwandelte? Kasamko, Kasamko, erzürne ihn nicht. Kasamko, Kasamko, du darfst nicht versuchen, ihn nachzuahmen“.

„Hört auf mit eurem müßigen Geschwätz“, brummte Kasamko, „ich will nichts mehr hören. Soll ich immer abseits stehen, soll ich allein zusehen, wenn andere den leckeren Honig schlecken? Ich weiß, warum ihr mich warnt, euch schmeckt er wohl auch ganz gut, der Honig, und ihr wollt nicht, dass ich ihn hole, ihr hofft ihn für euch behalten zu können. Nein, ihr lieben Ameisen, jetzt erst recht werde ich den Honig hier ernten. Ich laufe zurück in meine Grashütte und hole vier leere Kalebassen, und bald bin ich wieder da“.

So geschah es. Kasamko brachte vier Kalebassen und freute sich schon im voraus über das große Ergebnis des Honigsammelns durch Zauberei. Er kletterte auf den Baum und ahmte die Bewegungen und die Worte des Zauberers getreulich nach. Warum sollte er nicht ebenso gut zaubern können wie dieser Rotkopfspecht, denn Zauberworte sind Zauberworte und behalten ihre Wirkung, wer immer sie auch ausspricht. Und alle Worte hatte er gut im Gedächtnis behalten. Kasamko füllte den ersten Topf und hing ihn an einen Ast. Er blickte zu Boden, wo die drei anderen Kalebassen standen und sprach die Zauberformel, genau wie er sie gelernt hatte, aber der leere Topf wollte nicht zu ihm heraufschweben.

„Meine Töpfe sind zu dumm, um die Zauberworte zu verstehen", sagte er, „aber mit der Zeit werden sie es schon lernen. Ich werde es ihnen beibringen". Er kletterte hinab, holte den zweiten Topf, füllte ihn, und dann füllte er nach und nach auch die beiden anderen Kalebassen. Voller Zuversicht rief er seinen Tragstock zu sich herauf, aber auch dieser hörte nicht auf die Zauberformel und blieb regungslos an den Baumstamm gelehnt. Da half kein Rufen und kein Schreien, wohl oder übel musste der Zauberlehrling nochmals vom Baume klettern, um den ebenso dummen wie widerspenstigen Tragstock zu holen.

„Kasamko, Kasamko", flüsterten die Ameisen, „bleib unten, hänge die Kalebassen an deinen Tragstock und gehe deine Pad, wie es sich für einen Buschmann gehört. Sei zufrieden mit der leckeren Beute und schreite in Frieden dahin, Buschmann Kasamko".

„Ha", lachte Kasamko, „ich soll mühsam über die lange, heiße Pad gehen, ich, der fliegen kann, weil ich das Zauberwort dafür kenne? Ha, fliegen ist viel angenehmer als laufen. Obendrein geht es bedeutend schneller".

„Kasamko, Kasamko, vergiss nicht, dass du kein Zauberspecht bist!" riefen die Ameisen. Der Buschmann aber war bereits wieder hoch oben auf dem Baum. Er nahm den Tragstock in den Mund, hing rechts und links die Honigkalebassen daran. Dann stellte er sich auf den äußersten und höchsten Ast, breitete beide Arme aus und rief laut: „Ich will ein Specht sein und fliegen können!" Und dann ließ er sich in die blaue und laue Luft hinausgleiten.

„Wie herrlich, wie leicht – – –" jubelte er, aber weiter kam er nicht, denn der Zauber hatte nicht gewirkt, und so fiel Kasamko mit seinen vier Kalebassen wie ein Klotz aus der Wipfelhöhe des Baumes hinunter auf den Boden. Die Kalebassen zerbrachen, und der gute Honig sickerte überall in den Sand. Kasamko selbst war in viele Stücke auseinandergebrochen. Die Ameisen eilten herbei, leckten am Honig der zerbrochenen Kalebassen und sprachen untereinander: „Jaja, er hat nicht auf uns gehört, der Buschmann Kasamko, nun liegt er da, zerbrochen und regungslos. Lohnt es sich überhaupt, ihn wieder heil zu machen?“ Die Ameisen überlegten hin und her und liefen über den in Stücke gebrochenen Körper Kasamkos.

„Weh, weh, weh!“ riefen sie, „da liegt er nun, der unvorsichtige Buschmann Kasamko, und sein Leib ist in viele Stücke zerbrochen. Warum hat er nicht auf unseren guten Rat gehört?“ So jammerten sie und weinten bittere Tränen des Mitleids. Und diese Ameisentränen ätzten die Haut des Menschen, und die Haut begann zu zucken. „Hah, schaut her!“ riefen die Ameisen, „er ist ja noch nicht ganz tot, seine Haut beginnt zu zucken. Aber wir müssen die zerbrochenen Körperteile wieder zusammenflicken“. In großen Scharen kamen sie herbei, flickten und klebten alle Körperteile des Buschmanns Kasamko wieder zusammen, und dann weinten sie wiederum überall Tränen des Mitleids und zerrieben das Nass auf der Haut, und da wurde der Körper rot und röter, und zweimal zuckte schon der wiedererweckte Mensch. „Haltet aus und weint weiter, damit er ganz wach wird“, munterten sie sich gegenseitig auf. Und siehe, nach vielen Stunden war der Erfolg da, und Kasamko richtete sich langsam auf und murmelte missmutig: „Ei, wie schmerzen meine Glieder! Ich fühle mich wie zerschlagen. Überall zwickt und zwackt es“. Er blickte an sich herab und sagte böse: „Kein Wunder, ich liege da auf einem Ameisenhaufen. Nein, ich brauche mich wirklich nicht zu wundern, dass ich überall Schmerzen habe“.

„Du hast recht, sagten die Ameisen, „du brauchst dich nicht zu wundern, dass du Schmerzen hast, aber nicht durch uns hast du Schmerzen, denn wir haben dich wieder zum Leben erweckt. Ohne unsere Pflege lägst du jetzt noch in Stücke zerschlagen am Boden, ein willkommener Fraß für Hyäne und Schakal. Du wolltest fliegen, du wolltest deinen Zauber erproben, aber du hattest ja gar keinen Zauber, Kasamko. Unsere Warnungen hattest du in den Wind geschlagen, du bist viel größer und viel älter als wir, aber auch viel dümmer; nicht immer wählt sich die Klugheit einen großen und starken Körper als Aufenthaltsort. Sei in Zukunft vorsichtiger und nicht mehr unbelehrbar wie bisher. Auch der Rat eines Kleinen ist wertvoll, wenn der Ratgeber zum Guten rät. Versprichst du uns, in Zukunft den Rat der Kleinen nicht zu verachten, Kasamko?“

„Ja, liebe Ameisen, ich verspreche es euch“, seufzte der Buschmann und suchte die Scherben seiner Honigtöpfe zusammen. „Seht hier, ihr lieben Ameisen, alle meine Kalebassen sind zerbrochen, der Honig ausgeflossen. Was werde ich meiner Frau sagen? Die Wahrheit darf ich ihr nicht sagen, sonst würde sie mich auslachen. Wisst ihr keinen Rat, ihr klugen Ameisen?“

Nein, auch die klugen Ameisen wussten keinen Rat, und so musste Kasamko mit schmerzenden Gliedern wieder nach Hause und erzählte seiner Frau und der aufhorchenden Sippe, es sei ihm fast gelungen, das Fliegen zu lernen, nur, ein einziges Zauberwort habe er vergessen, nur ein einziges kleines Wort. Aber bald werde es ihm wieder einfallen, so log Kasamko, um seine Niederlage zu verschleiern, denn kaum war er wieder heil der Gefahr entronnen, so hatte er bereits den Rat der kleinen Ameisen vergessen. So sind die Menschen, ja, so sind sie.

Wie Tsamko fehlte und gestraft wurde

Tsamko war ein tüchtiger Jäger, bekannt und gerühmt im ganzen Buschmannland. Seine Frau hieß Namusche; sie war sehr stolz auf ihren Ehemann, den alle bewunderten. Beide aber, Tsamko und Namusche, waren stolz auf Katembi, ihren einzigen Sohn, der selbst ein großer Jäger werden sollte. Vorerst war er noch klein und hockte auf der Hüfte seiner Mutter. Manchmal setzte ihn Namusche in den Sand, wo der Junge herumkroch und mit einem kleinen Pfeil und Bogen spielte. Sein Vater hatte ihm diese harmlosen Waffen angefertigt.

Eines Tages ging Tsamko besonders früh auf die Jagd. Er wollte eine Elandantilope erlegen. „Heute werde ich ein Eland erlegen", sagte er zu seiner Frau, „und ich werde dir das Herzfett des Elands bringen". Namusche wurde ganz dunkel vor Freude. Das Herzfett des Elands war doch die größte Leckerei, die ein Jäger heimbringen konnte. Solche Köstlichkeit brachte man nur der geliebten Frau.

„Bleibe nicht zu lange aus", bat Namusche, und Katembi lallte unbeholfen: „Komm bald wieder, Vati".

„Vater wird bald wieder zurück sein", tröstete Tsamko seinen Jungen, nahm Pfeil, Bogen und Grabstock und verschwand im Dickbusch. Die Sonne wanderte ihre Bahn über den ganzen Himmel, der Tag ging zur Neige, und Namusche war längst von der Veldkostsuche heimgekehrt, der Kleine war satt und in den Schlaf gewiegt, und immer noch war Tsamko nicht heimgekehrt. Wenn Namusche aufhörte, den Kleinen in ihren Armen zu schaukeln, wurde er wach und fragte ängstlich: „Wann kommt denn Vater zurück, sag' doch Mama?" Und dann rief er weinerlich: „ Vater, komm' zu Katembi! Komm', Vater, Katembi bange!"

Namusche tröstete das Kind und sang ihm alle Buschmannliedchen vor, bis der übermüdete Katembi endlich auf ihren Armen einschlummerte. Dann schürte sie das Feuer und blickte in die Dunkelheit. Warum kam Tsamko, der Jäger, nicht nach Hause? Hatte das Jagdglück ihn verlassen, und war er selbst einem heimtückischen Tier zum Opfer gefallen, etwa einer Schlange, einem Löwen oder einem schleichenden Leoparden? So mancher tüchtige Jäger, der frohgemut ausgezogen war, kehrte am Abend nicht mehr zurück; im nahen Dickbusch hausten viele Leoparden.

Der Nachtwind wehte kühl und trieb der angstvoll wartenden Frau beißenden Rauch ins Gesicht. Sie fröstelte, warf trockene Zweige auf die niedergehende Glut und wickelte den Fellumhang fester um ihre Schultern. Da draußen stand düster und unheildrohend der Busch und dahinter, dort wo das Licht der Feuerstelle nicht mehr hindrang, herrschte schwarze, unheilvolle Finsternis, aus deren Unheimlichkeit die Nachteule klagte. Namusche setzte sich neben den Hütteneingang. Das Kind in ihren Armen war unruhig wie noch nie. Sie streichelte den Jungen und flüsterte ihm beruhigend zu: „Schlaf, kleiner Katembi, gleich wird dein Vater kommen, dein Vater, der Tsamko heißt und ein großer Jäger ist. Schlaf, mein Kind, schlaf –" Leise summte sie eine alte Buschmannweise, und dabei dämmerte sie selbst hinüber, von Müdigkeit übermannt, und war bald tief und fest eingeschlafen.

Ein schlürfendes Geräusch schreckte sie wach. Aber gleichzeitig durchfuhr sie ein Gefühl der Freude: „Tsamko!" Endlich war er heimgekehrt, Tsamko, ihr Ehemann, Tsamko, der große, tüchtige Jäger! Das Herz des Elands, die größte Leckerei, wird er ihr mitgebracht haben, und sie wird es verzehren.

„Wie freuen wir uns auf dein Kommen, Tsamko", sagte sie schlaftrunken. „Katembi, dein Sohn, hat auf dich gewartet. Er wollte nicht einschlafen und hat immer wieder nach dir gefragt. Hier, nimm ihn, deinen kleinen Katembi". Sie reichte den schlafenden Jungen empor und fühlte, wie das Kind ihr heftig entrissen wurde. Gleichzeitig grollte ein dumpfes Knurren, und die entsetzte Frau sah die Umrisse eines riesigen Leoparden, dessen Augen heimtückisch und grünlich schimmerten. In den Fängen hielt das Untier den schreienden Knaben Katembi. Namusche sprang aber nicht auf die Bestie los, um ihr den Knaben zu entreißen, sondern wich voller Entsetzen so heftig zurück, dass sie gegen einen hervorstehenden Ast in der Hüttenwand lief und sich dort aufspießte. Das Holz drang durch den Rücken bis in ihren Leib. Unbeweglich und wie festgenagelt stand sie und musste zuhören, wie ihr kleiner Sohn Katembi nach Vater und Mutter schrie, während der Leopard in seiner grausamen Art mit seinem Opfer spielte, ehe er es tötete. Dann wurde das Kind still, und die entsetzte Mutter hörte das Krachen der Knochen unter den mächtigen Kiefern des Raubtieres. Langsam schwanden auch ihr die Sinne, aber steif und aufgerichtet stand sie an der Hüttenwand und starrte unbeweglich in die Nacht hinaus. So stand sie noch als der Morgen graute.

Durch den Dickbusch schritt langsam der Jäger Tsamko. Er ging auf seine Hütte zu und wunderte sich, dass die Glut der Feuerstelle niedergebrannt war. Es war unheimlich still. Namusche und der kleine Katembi schliefen wohl noch. Gut, er soll schlafen, sein kleiner Sohn, bald wird er groß sein und erwachsen, und als tüchtiger Jäger durch das Veld schreiten. Er soll schlafen und wachsen und stark werden, sein kleiner Sohn. So dachte Tsamko und betrachtete im Gehen das große Stück Elandfleisch, das er in seiner Hand trug. Wie würden sie sich freuen, die Frau und das Kind, und beim Genuss des guten Fleisches ihm sein langes Ausbleiben nicht vorwerfen. Gewiss, das Herzfett des Elands hatte er nicht mitgebracht. Nun ja, er hatte es Namusche versprochen, aber unterwegs war ihm eingefallen, dass er dies Herzfett für einen anderen Zweck benötigte. Da wohnte in einer entfernten Buschmannwerft ein schönes Buschmannmädchen, das gerade erst mannbar geworden war. Dieses Mädchen begehrte er zu seiner zweiten Frau, denn Namusche sollte nicht mehr allein auf die Veldkostsuche gehen, und Katembi bald einen kleinen Spielgefährten bekommen. Diesem Mädchen hatte er das Herzfett des Elands gebracht, er hatte es ihr vor die Füße gelegt, so wie es Anstand und Buschmannsitte geboten, und sie hatte es aufgehoben und gegessen. Und dann hatte er mit der Mutter des Mädchens verhandelt und war einig geworden, und bald wird die Hochzeit sein. Darüber war die Nacht vergangen, und nun wird Namusche sicher zürnen, weil er so lange ausblieb und auch weil er das versprochene Herzfett des Elands einer anderen Frau geschenkt hat. Ohne Zweifel, Namusche war böse. Deshalb kam sie auch nicht zum Vorschein, ihn zu begrüßen, wie sie es sonst immer getan hatte. Mit Zagen und Bangen betrat er die Hütte, und da sah er seine Frau unbeweglich an der Hüttenwand stehen und auf den Eingang starren.

„Namusche!“ rief er, „Namusche, mein Weib! Endlich bin ich wieder da. Ich habe dir viel schönes und fettes Elandfleisch mitgebracht, schau her, sehr viel Fleisch für dich und unseren Sohn Katembi“.

Namusche regte sich nicht, sondern starrte mit weitaufgerissenen Augen zum Eingang hin.

„Sprich doch endlich, Namusche!“ rief Tsamko ungeduldig. „Was stehst du so steif und unbeweglich da, und wo ist Katembi, mein Sohn? Schläft er noch?“ Er legte seine Hand auf ihre Schulter und schüttelte sie, und da zuckte er entsetzt zurück. Namusche war kalt und steif und ohne Leben, und jetzt erst sah er, dass sie durch den Ast festgehalten wurde, der in ihren Rücken gedrungen war. Namusche war kalt und tot. „Und Katembi? Ja, was war denn mit Katembi? Wo ist er, mein Sohn Katembi?“ Tsamko, der Jäger, brauchte nicht lange zu fragen. Sein kundiger Blick erkannte sofort die Leopardenspuren, und bald wusste er den ganzen Verlauf des nächtlichen Dramas in seiner Hütte. Namusches Spuren verrieten ihm, dass sie entsetzt zurückgewichen war bis an den Ast, der sie aufspießte, statt sich auf den Räuber des Kindes zu stürzen. So hatte der Jäger Tsamko in einer Nacht seine Frau und seinen Sohn verloren, nur, weil er sie schutzlos und allein gelassen hatte, um das versprochene Herzfett des Elands einer anderen Frau zu bringen, dieser ungetreue Tsamko. Nun war er allein. Nicht genug, die Eltern des jungen, eben mannbar gewordenen Mädchens empfanden es als eine Schmach, dass Tsamko seine Familie schutzlos allein gelassen hatte.

„So wird er unsere Tochter auch schutzlos und allein lassen“, sagte die Mutter. „Nein, dieser Jäger Tsamko kann unsere Tochter nicht heiraten. Ich werde ihm heute noch die Gabe zurückschicken“.

Der Vater erlegte eine Elandantilope, und die Mutter schickte das Herzfett des Elands in die Hütte des Jägers Tsamko.

„Weh mir!“ rief der Unglückliche, als er die verschmähte Gabe sah. „Jetzt muss ich mein Leben allein zubringen, gemieden von allen Sippen. Die Einsamkeit ist mein Los, weh mir, Tsamko, weh mir, weil ich so ungetreu und selbstsüchtig war“.

Warum Leopard und Hyäne gemieden werden

Jedermann weiß, dass in der Urzeit viele Menschen das Glück hatten, vom Schöpfer in Tiere verwandelt zu werden. Als Menschen hatten sie es immer schwer, aber solch ein Tier hat es viel leichter und schöner. Für den Menschen ist die Veldkostsuche eine Last, für das Tier aber ein Vergnügen. Deshalb freuten sich die Menschen, als der Schöpfer sie in Tiere verwandelte, und auch als Tier lebten sie weiter zusammen in großen Werften. Die Kudus grasten friedlich neben den Leoparden und Hyänen, und dazwischen tummelten sich die vielen Antilopenarten, die Zebras und die Hartebeester. Es war großer Friede im weiten Veld.

Eines Tages sagte der Leopard zur Hyäne: „In jener Zeit, da ich noch Buschmann war, aß ich mit Vorliebe das Fleisch des Duikers. Jetzt da ich durch die Güte des Allmächtigen ein Leopard geworden bin, ernähre ich mich nur noch von Veldkost, höchstens, dass mal ein Mäuslein in meine Fänge gerät, das zu frischen Uintjies besonders gut schmeckt. Jetzt möchte ich einmal wieder ordentlich Duikerfleisch essen. Gehst du mit auf Jagd?"

„Ja, ich gehe mit auf Jagd", sagte die Hyäne und machte sich reisefertig. „Auch ich freue mich auf die vielen leckeren Knochen".

Da sie nun einig waren, gingen sie zusammen in den Dickbusch und erlegten auch bald einen kräftigen Duiker, der ahnungslos graste; er konnte ja nicht wissen, dass der Leopard plötzlich Lust auf Fleisch bekommen hatte. Als der Bock nun erlegt war, sagte der Leopard:

„Gehe zurück in die Werft und hole Feuer, liebe Hyäne. Beeile dich, denn mein Hunger ist groß. Wir werden den Bock braten und verzehren".

Der Leopard hatte ja noch nie rohes Fleisch verzehrt, und früher, in seinem Dasein als Buschmann, hatte er auch immer nur geröstetes Fleisch gegessen. Die Hyäne knurrte unwillig; sie hatte keine große Lust, in die Werft zurückzugehen und Feuer zu holen. Der Leopard aber fauchte sie an: „Beeile dich, Hyäne, deine Schwerfälligkeit wird immer ein Hindernis für mich sein; für die Jagd bist du dumm und zu plump, du taugst wirklich nur zum Wegputzen der Überreste und der Knochen. Deshalb mach' dich jetzt nützlich und hole sofort das Feuer in der Werft, denn ich will meine Beute braten".

Widerwillig machte sich die Hyäne auf den Weg. Als sie in die Nähe der Werft kam, trug ihr der Wind den Geruch leckerer Knochen entgegen. „Hah, Knochen!“ rief die Hyäne und ging der Witterung nach. Sie fand viele Knochen von Tieren aller Art. Ausgehungert stürzte sie sich darauf und zermalmte sie mit ihrem starken Gebiss. Dann legte sie sich mit prallem Wanst nieder um auszuruhen und zu verdauen. Darüber vergaß sie ihren Auftrag und dachte nicht mehr an das Feuer, das sie dem Leoparden bringen sollte. In der Werft waren alle Feuer inzwischen niedergebrannt, und die Kohlen verglühten langsam in der Asche. Die Nacht war schon fast vorbei, und immer noch wartete der Leopard draußen im Dickbusch auf die Rückkehr seines Jagdgesellen. Er lag vor dem gerissenen Duiker und beschnupperte immer wieder das leckere Fleisch. Käme doch endlich die Hyäne, dass man mit dem Braten der Lenden und Keulen beginnen könnte. Aber es kam keine Hyäne und kein Feuer. Vor lauter Gier strich der Leopard einige Mal mit der Zunge über ein besonders saftiges Stück Fleisch, nur um etwas Fleischgeschmack zu bekommen, und nur weil der Hunger so groß war. Und wie er so leckte und leckte, fand er, dass auch rohes Fleisch ganz zart und süß war. Er biss hinein und siehe, es schmeckte ausgezeichnet. Er nahm einige Bissen, zerkaute sie und schluckte sie herab, und es war ein einziger großer Hochgenuss. Von der Hyäne mit ihrem Feuer war weit und breit nichts zu sehen. Da kannte der Leopard keine Hemmungen mehr und stürzte sich gierig auf den Duiker, fraß und fraß, bis er nicht mehr konnte. Dann legte er sich hin und schlief fest ein.

Während der Leopard so lag und schlief, wurde es Tag, und drüben in der Werft der Tiere fing die Hyäne schon wieder an Knochen zu sammeln, zu knacken und zu verschlucken. Dies sahen die anderen Tiere, die inzwischen ihre Grashütten verließen, um auf Veldkostsuche zu gehen. Die Elands, die Zebras, die Kudus, die Oryx und die Strauße und wie sie alle heißen, blieben stehen und beobachteten die Hyäne. „Seht doch nur, diese gefräßige Hyäne“, sagten sie voller Abscheu. „Schaut doch nur hin, wie sie sich benimmt. Wie kann ein anständiges Wesen sich von Knochen ernähren! Knochen sind etwas, das man wegwirft; die Hyäne aber ernährt sich davon. Pfui über diese Hyäne! Sie passt nicht in die Gesellschaft der anständigen Leute. Wer sich so benimmt, den muss man meiden“.

Die Hyäne aber störte sich nicht an dem Gerede, sondern fraß und fraß.

„He du, Hyäne!“ riefen sie ihr zu, „wenn du Hunger hast, dann iss gefälligst anständige Veldkost, es gibt Knollen in Hülle und Fülle, Zwiebeln, Uintjies und was du willst, du brauchst keine Knochen zu verschlingen“.

Die Hyäne aber störte sich nicht daran, sondern knackte weiter ihre Knochen. Da fielen die anderen Tiere über sie her und jagten sie mit Schimpf und Schande hinaus in die Wildnis. Seither meidet die Hyäne den Kreis anständiger Leute. Ihre Knochenfresserei aber hat sie nicht aufgegeben; doch das stört jetzt nicht mehr.

Und der Leopard, was geschah mit dem Leoparden? Er hatte lange genug auf die Rückkehr der Hyäne mit dem Feuer gewartet, um das Fleisch zu rösten, aber die Hyäne war nicht gekommen, und so hatte er vor lauter Hunger das erjagte Wild roh verzehrt, und seither ist der Leopard ein Fleischfresser und scheut das Feuer. Auch er meidet die Gesellschaft seiner früheren Freunde, die sich von Veldkost ernähren. Und auch sie meiden ihn, weil er als blutrünstig verschrien ist. So entstand aus Faulheit und Gefräßigkeit der Hyäne ein großes Unglück für alle Tiere im Veld, denn ohne dies Geschehen wäre der Leopard niemals ein Fleischfresser geworden und niemals ein grausamer Jäger. Ja, so ist es, und deshalb werden heute Leopard und Hyäne von allen anderen Tieren gemieden.

Die List der Elefantenfrauen

Nunta war ein großer Elefant, der mit seinen beiden Frauen im Dickbusch wohnte. Wie alle anderen Tiere war auch er früher ein Buschmann gewesen. Der weise und gütige Machtspruch des Schöpfers hatte ihn und seine Frauen von Menschen zu Elefanten verwandelt. Allerdings hatten sie noch eine geraume Zeit ihre früheren Lebensgewohnheiten beibehalten. So zum Beispiel den Fleischgenuss. Jeder Buschmann verzehrt gerne viel Fleisch, und warum sollte ein Buschmann, der durch des Schöpfers Machtspruch zum Tier wird, nicht auch gern noch Fleisch essen! Aus diesem Grunde ging Nunta, der große Elefant, fleißig auf Jagd. Er kannte das ganze Veld weit und breit und wusste alle Wasserstellen im weiten Umkreis.

Nuntas Frauen waren immer hocherfreut, wenn er mit dem erlegten Wild in die Werft zurückkehrte. Sie verzehrten das Fleisch mit großem Genuss, aber hinterher stellte sich bei ihnen jedes Mal ein brennender Durst ein, der sie maßlos plagte. Solange die Vleys noch Wasser hielten, war der Riesendurst ja noch zu ertragen; die Frauen trabten zu den Wasserstellen, tranken und tranken; aber bald waren auch die größten Vleys eingetrocknet. Über dem Land brütete heiß die Sonne, und es war eine Dürre, wie sie noch niemals ein Mensch oder ein Tier erlebt hatte. Nun konnten die Elefantenfrauen ihren Durst nicht mehr stillen. „Wir müssen auf den Fleischgenuss verzichten“, sagten sie untereinander, „gewiss, das müssen wir, sonst werden wir verdursten“. Von diesem Tage an aßen die beiden Elefantenfrauen kein Fleisch mehr, sondern ernährten sich nur von Veldkost. Nunta jedoch verzehrte nach wie vor große Mengen Fleisch. Die Frauen sahen es und wunderten sich und sprachen untereinander: „Wie kann er solch große Mengen Fleisch verzehren? Wir würden vor Durst verschmachten, würden wir nur einen Teil davon essen. Wie kann er so etwas tun? Wir werden ihn scharf beobachten, vielleicht hat er saftige Kräuter entdeckt, die seinen Durst stillen. Ja, wir werden ihn genau beobachten“.

So sprachen die Frauen und beobachteten Nunta, den großen Elefanten, der nach wie vor viel Fleisch aß. Sie hielten Ausschau im Veld und fanden keinen einzigen Busch mit saftigen Blättern und Ästen, sondern sahen alles nur kahl und verdorrt. Nunta aber gedieh prächtig und verzehrte viel Fleisch vor ihren Augen. Er grunzte mit Wohlbehagen, er schmunzelte listig und sprach zu seinen Frauen:

„Schaut doch her, ihr Frauen, ist das nicht ein schöner, fetter Oryx? Läuft euch da nicht alles Wasser im Mund zusammen beim Anblick dieses Fleisches? Ihr seid gewiss noch hungrig! So esst doch, oder habt ihr keinen Hunger auf leckeres, frisches Fleisch?"

„Och, wir sind schon längst satt", sagten die Frauen, und konnten nur mit Mühe ihren Zorn meistern. „Wir sind satt, weil wir sehr viele Uintjies und Knollen gefunden haben. Wirklich, wir haben soviel gegessen, dass wir gar kein Fleisch mehr verzehren könnten".

„Und doch würde euch das schöne Fleisch gut tun", meinte er listig. „Ihr werdet mager, wirklich, ich habe Angst um eure Gesundheit. Ich mache mir große Sorgen um euer Wohlbefinden". Er heuchelte solche Anteilnahme, in Wirklichkeit aber wusste er, dass die beiden Frauen gern Fleisch gegessen hätten, jedoch den nachfolgenden großen Durst fürchteten. So sprach er und verzehrte dabei große Mengen Fleisch. Die Frauen aber blieben standhaft. Sie bedankten sich höflich und erkundigten sich mit erheuchelter Anteilnahme: „Wie kommt es, dass du, Nunta, so viel Fleisch essen kannst, ohne großen Durst zu leiden? Oder leidest du großen Durst und sagst es uns nicht?"

„Nein, ich leide niemals Durst", sagte Nunta stolz. „Ich weiß, dass ihr großen Durst leidet nach jedem Genuss von frischem Fleisch, ich aber fühle mich dabei sehr wohl. Durst?! Nein, Durst kenne ich keinen". So sprach er und lächelte verschmitzt. Die Frauen wollten weiter in ihn dringen, um sein Geheimnis zu erfahren, er aber sagte: „Ich muss jetzt fort auf Jagd, wirklich, ich muss jetzt fort".

Nunta brach auf und begab sich in sein Jagdgebiet. Am Abend kam er wieder und brachte eine schöne Elandantilope mit, die er mit großem Genuss verspeiste, während seine beiden Frauen hungrig zuschauen mussten. Diesmal waren sie aber entschlossen, dem Ehemann das Geheimnis zu entlocken. Sie schmeichelten und lobten ihn, bis er ganz weich und rührselig wurde und endlich zu sprechen anhub: „Nun, weil ihr mich so schön quält und fragt, so will ich es euch sagen: Es ist eigentlich gar kein großes Geheimnis, sondern eine ganz einfache Sache. In der Regenzeit habe ich mir einen Wasservorrat geschaffen, ich habe viel getrunken, und wenn ich Durst verspüre, dann brauche ich nur zu rülpsen, dann steigt das Wasser hoch und ich verschlucke es wieder. Im Anfang war es etwas schwierig, aber ich habe es gut gelernt, und jetzt leide ich keinen Durst mehr“. Die Frauen waren mit dieser Auskunft nicht ganz zufrieden, aber sie versuchten dennoch zu rülpsen, aber so sehr sie sich auch anstrengten, es kam kein Wasser hoch. Der Elefant bemerkte ihre Anstrengungen und belehrte sie: „Ja, ja, so will man einen Wasservorrat heraufzaubern, wo gar keiner sein kann. Ihr habt ja nichts aufgespeichert damals, als die Vleys noch voll waren, deshalb könnt ihr heute auch kein Wasser rülpsen. Ihr habt leichtsinnig und sorglos gelebt, ihr Frauen“. Mit diesen Worten ging er lachend davon, und die beschämten Frauen fassten den Entschluss, ihn Tag und Nacht zu beobachten; sie mussten hinter sein Geheimnis kommen. Bald hatten sie heraus, dass Nunta vor jedem Fleischessen immer erst eine Weile ins Veld ging. Sie stellten ihn deshalb zur Rede, aber er war schlagfertig und antwortete: „Ich muss mir vor dem guten Essen noch etwas Bewegung machen, und dabei sehe ich mir das Werftgelände genau an und beobachtete die Spuren. Gestern zum Beispiel habe ich einen Pfeil gesucht, den ich vorbeigeschossen habe“.

„Hast du nicht auch heute wieder einen Pfeil vorbeigeschossen?“ sagte eine der Frauen, und der Elefantenmann, der sich durch solche Schlagfertigkeit plötzlich unbehaglich fühlte; stotterte: „Einen Pfeil, jaja, natürlich, einen Pfeil habe ich heute auch vorbeigeschossen, ich gehe ihn gleich suchen, – ja, ich will ihn suchen gehen“. Damit brach er auf und verschwand im Dickbusch. Die Frauen aber setzten sich sofort auf seine Spur. Einige Male drehte sich Nunta herum, aber die beiden Elefantenfrauen versteckten sich blitzschnell, sodass Nunta sich allein wähnte auf weiter und breiter Flur. Da hielt er plötzlich inne, sicherte nochmals nach allen Seiten und tauchte seinen Rüssel in eine Pfanne, die im Dickbusch verborgen war, von keinem der anderen Tiere bislang entdeckt. Er tauchte seinen Rüssel in das kühle Wasser und trank lange, denn er hatte entsetzlichen Durst, hervorgerufen durch den reichlichen Genuss von Fleisch; als gewesener Buschmann wollte und konnte er nicht auf den Genuss von Fleisch verzichten. Nachdem er seinen Durst gelöscht hatte, spritzte er seinen staubigen Rüssel einige Mal mit kühlem Wasser ab und wälzte sich dann im Sand, um nicht nass und frisch bei seinen Frauen zu erscheinen. Dann überprüfte er nochmals den Wasservorrat: „Die Dürre wird noch lange anhalten“, murmelte er. „Deshalb darf ich mein Geheimnis nicht verraten. Meine Frauen brauchen ja kein Fleisch zu essen, und wenn sie kein Fleisch essen, bekommen sie auch keinen Durst, und wer keinen Durst leidet, der braucht auch nicht zu trinken. Ich aber muss Fleisch essen, und deshalb benötige ich alles Wasser, um meinen Durst zu besänftigen. Es ist ein Glück, dass meine Frauen mein Geheimnis bisher noch nicht entdeckt haben“. So jubelte er, begab sich langsam auf den Heimweg, wo ihn eine herrliche Fleischmahlzeit erwartete. „Wie dumm sind doch die Frauen“, lachte er stillvergnügt vor sich hin. „Sie glauben tatsächlich, dass ich meinen Durst mit Rülpsen stillen kann. So dumm können nur Frauen sein; denn sie glauben alles, was ihnen die Männer aufbinden. Wenn ein Mann recht lieb zu ihnen ist, werden sie ganz dumm und schwach, ja, so sind die Frauen“. Still vergnügt vor sich hin lachend ging Nunta nach Hause. Er hatte es gar nicht eilig. Er benutzte sogar Umwege, nur um seine Spuren zu verwischen. Ja, er war klug und weise, und die Frauen würden niemals sein großes Geheimnis lüften können.

Während er so dahinschritt, selbstsicher und selbstbewusst, traten die beiden lauschenden Frauen aus ihrem Versteck und liefen zur Pfanne. Sie jubelten beim Anblick des schönen, klaren Wassers, sie tauchten ihre Rüssel ein und tranken, bis ihre Bäuche prall waren und nichts, aber auch nicht ein einziger Schluck Wasser mehr hineinging. Damit war aber auch die Pfanne leer und trocken bis auf den schlammigen Grund. Nun machten sich die beiden Elefantenfrauen auf den Heimweg, benutzten eine kürzere Pad und kamen noch vor ihrem Ehemann in die Werft zurück. Als sei nichts geschehen, setzten sie sich an das Feuer und bereiteten die Mahlzeit, und da kam auch schon Nunta, selbstgefällig, prustend und stolz. Von Weitem schon hob er den Rüssel, denn er hatte den lockenden Duft von gebratenem Fleisch gewittert. Als das Fleisch geröstet war, nahmen auch die beiden Frauen ihren Anteil und aßen. Nunta staunte und sprach: „Was sehe ich? Ihr esst Fleisch? Fürchtet ihr euch denn nicht vor dem gewaltigen Durst?“

„Nein“, sagte die erste Frau, „wir fürchten den Durst nicht mehr, denn wir haben von dir das Rülpsen gelernt; wenn wir Durst haben, dann stoßen wir einfach das Wasser auf, was wir schon einmal getrunken haben. Du, unser Ehemann, warst doch so lieb, uns dies Geheimnis zu verraten. Nun, wir haben geübt, und endlich haben wir es begriffen“.

„Jaja, so ist es“, bestätigte die zweite Frau, „was ein Mann kann, das lernt eine Frau doppelt schnell, wenn sie es einmal begriffen hat. Es dauert manchmal lange, bis eine Frau begreift, aber wenn sie einmal hinter das Geheimnis des Mannes gekommen ist – dann – na ja –“

Nunta spürte genau, dass er gefoppt und angelogen wurde, aber hatte er die Frauen nicht zuerst angelogen? Nun sah er ihre höhnischen

Blicke und wusste, dass die irgendwie sein Geheimnis entdeckt hatten. Nach der Mahlzeit lief er sofort zur Pfanne und fand die schöne, versteckte Wasserstelle leer bis auf den schlammigen Grund. Schnaubend vor Wut rannte er nach Hause und stellte die Frauen zur Rede. „Ihr habt die Pfanne leergetrunken!“ schrie er sie an. „Jetzt haben wir alle nichts. Ihr hättet während der Regenzeit an einen versteckten Wasserspeicher denken sollen, aber nein, an gar nichts habt ihr gedacht, jetzt haben wir alle nichts. Und Fleisch werden wir alle nicht mehr essen können, ihr nicht und ich auch nicht, weil wir sonst vor Durst vergehen. Solange die Dürre anhält, werden wir niemals mehr Fleisch genießen dürfen“.

Die beiden Frauen versuchten ihn zu besänftigen, er aber tobte und tobte, bis er müde war und einschlief. Am anderen Tag ging Nunta nicht mehr zur Jagd, und auch an vielen darauffolgenden Tagen musste er auf Jagd und Fleischgenuss verzichten, weil die Trockenheit immer noch anhielt, und bald hatte er sich so an die Veldkost gewöhnt, dass ihm der Fleischgenuss nicht mehr viel bedeutete.

So kommt es, dass die Elefanten heute überhaupt kein Fleisch mehr essen, sondern nur von Veldkost leben, und dieses ist zurückzuführen auf die List der Elefantenfrauen.

Warum die Giraffe so eingeschnürt aussieht und so ängstlich ist

Wisst ihr, warum die Giraffe einen so langen, dünnen Hals hat, und warum ihr Bauch so klein und geradezu eingeschnürt erscheint im Gegensatz zum mächtigen Brustkorb? Wisst ihr auch, warum die Giraffe so nach vorne gebeugt läuft, als sei sie ewig gehetzt und gejagt? Nein, ihr wisst es nicht und könnt sicher auch nicht erraten, warum der kleine Kopf so ängstlich Ausschau hält. Nun, so will ich es euch erzählen:

Die Giraffe war früher ein Buschmann, Nuisa geheißen. Dieser Nuisa war ein tüchtiger und tapferer Jäger, der fleißigste aller Buschmannjäger seiner Werft. Sein Schicksal aber war hart und ohne Freude, und deshalb verwandelte ihn der Machtspruch Gottes in eine Giraffe; er hatte doch so sehr darum gebeten, endlich in ein Tier verwandelt zu werden. Hört und vernehmt das schwere Schicksal des Buschmanns Nuisa, der wenig Freude erlebte, solange er als Buschmann auf Erden weilte.

Dieser Nuisa war nicht nur der beste Jäger seiner Sippe, sondern auch der schnellste Läufer weit und breit. Alle zollten ihm Achtung und Bewunderung, nur Oukoi nicht, seine Frau. Diese Oukoi war wegen ihrer scharfen Zunge von allen Bewohnern der Werft gefürchtet. An allem hatte sie etwas auszusetzen, nichts fand ihren Beifall. Wenn die älteren Leute abends am Feuer beisammen saßen und die Jagderlebnisse des Tages erzählten, rief Oukoi von ihrer Hütte herüber: „Da sitzt ihr wieder und redet Dummheiten, statt euch um den Bau neuer Grashütten zu kümmern. Bald kommt die Regenzeit, und ihr werdet klagen und jammern, weil nicht genügend trockenes Gras gesammelt wurde“.

So tadelte die Buschmannfrau, aber selbst war sie faul und kümmerte sich keineswegs um ihre eigene Hütte. Nur an ihren Nachbarn hatte sie immer etwas auszusetzen. Die jungen Mädchen, die im Mondschein um das Feuer tanzten und miteinander kicherten, dass man ihre Schnalzlaute weit über die Werft hinweg vernahm, schrie sie an: „Wenn einer so jung und so dumm ist wie ihr, so muss er sich nützlicher beschäftigen als nur mit Tanzen und nutzlosem Gerede“.

Sie selbst aber redete den ganzen Tag nutzloses Zeug. Tanzen konnte sie allerdings nicht mehr, denn vom vielen Nichtstun war sie dick und fett geworden, und ihre Haut schimmerte prall. Nie hat man sie lachen hören; in der ganzen Werft hieß sie nur „Frau Griesgram“. Nuisa dagegen war ein lustiger Geselle. Nur wenn er in seine Werft heimkehrte, wurde er ernst und düster, und beim Anblick seiner Hütte, vor deren Eingang sein Eheweib Oukoi wie ein Vollmond saß, zitterte er innerlich in Erwartung der bitteren Vorwürfe, die gleich über ihn herprasseln würden. Brachte er einmal Kudufleisch mit, dann nörgelte Frau Griesgram: „Wie, schon wieder Kudufleisch? Vor wenigen Tagen erst hast du Kudufleisch mitgebracht, ich möchte jetzt eine Elandkeule essen“. Brachte er ihr aber eine Elandkeule, dann hieß es: „Ha, schon wieder Elandkeule, ich möchte

Kudufleisch“. Nie war sie zufrieden mit dem, was ihr Mann brachte und tat, nie hatte sie für ihn ein freundliches Wort.

Da saß sie vor ihrer Hütte und hatte für nichts, aber auch für gar nichts gesorgt. Die Wasserkalebassen waren leer, das Feuer war niedergebrannt und kein Holz mehr vorhanden. Die Veldkost war aufgezehrt, trockenes Gras zum Abdecken der Hütte war auch nicht vorhanden – es war schon ein Elend mit dieser faulen, griesgrämigen Frau.

„Da bist du ja“, pflegte sie den heimkehrenden Nuisa anzuschreien, „da bist du ja, du Faulpelz! Hast wohl wieder wie ein müder Buschbock irgendwo im Schatten gelegen und geschlafen, statt mir Veldkost mitzubringen. Du weißt, dass ich Uintjies so gern mag. Nie bringst du mir welche mit. Was mache ich mit dem vielen Fleisch, heute habe ich Lust auf Uintjies. Los, hier sind die Kalebassen, eile schnell zum Vley und schöpfe alle Gefäße voll, bring auch Holz mit, um das Feuer anzufachen, und dann beeile dich, um mir Uintjies zu suchen! Dich nennen sie Nuisa, den schnellsten Jäger der Werft, ha, darüber möchte ich lachen, du bist der langsamste Faulpelz weit und breit. Weh mir, dass ich mit solch einem nichtsnutzigen Menschen verheiratet bin!“

Nuisa nahm die Gefäße, ging zur Quelle um Wasser zu holen, suchte Holz und Uintjies und tat alles, was das keifende Weib verlangte und was eigentlich ihre Arbeit gewesen wäre. Es hatte keinen Zweck, gegen sie auftreten zu wollen, er wusste es; ihr ständiges Schimpfen und Keifen hatte ihn völlig zermürbt, und war ihm jede Rückkehr von der Jagd keine Freude mehr, sondern eine Last, weil er immer auf einen schlechten Empfang in seiner Hütte gefasst war.

Eines Tages kehrte Nuisa erfolglos von der Jagd zurück. Was er da zu hören bekam, das lässt sich kaum wiedergeben. Die Frau schimpfte und schmähte, dass ihre kreischende Stimme weit über die Werft klang und die jungen Mädchen beim Tanzen inne hielten und sich verschüchtert in ihre Grashütten zurückzogen. Das höhnische Lachen der fetten Frau Griesgram klang wie die furchterregende Stimme der Hyäne. Erst spät in der Nacht hörte Oukoi auf zu schimpfen und schlief ermattet ein.

Als aber am folgenden Abend der Jäger Nuisa zum zweiten Mal mit leeren Händen nach Hause kam, jagte sie ihn fort und schrie ihn an: „Wenn du zu faul bist, gutes Fleisch zu erjagen, dann sorge wenigstens für anständige Veldkost“. Nuisa ging fort und suchte Veldkost. Er fand auch einige Knollen und brachte sie heim. Um seine Frau zu besänftigen, holte er Wasser und Holz. Die erzürnte Frau röstete die Knollen und aß sie allein. Nachdem sie die letzte Knolle gegessen hatte, sprach sie zu dem hungrigen Ehemann: „Veldkost ist ja nur etwas für Frauen; ein starker mutiger Jäger wie du einer bist, lebt ja von Fleisch. Morgen früh gehst du auf Jagd und bringst mir das Herz des Elands, die größte Leckerei, die es auf Erden gibt. Wage es nicht, mir ohne dieses Herzfett unter die Augen zu treten“.

Der Buschmann schämte sich vor der ganzen Sippe, weil seine Frau ihn ungestraft so behandeln durfte. Er wollte nicht weiter mit ihr zanken und ihren Zorn nicht noch weiter reizen, denn er fürchtete ihre keifende Stimme. Er wusste, dass sie in der Werft schon heimlich über ihn lachten, weil er Holz und Wasser holte und Veldkost suchte, alle Verrichtungen, die jeder Jäger den Frauen überließ. So begab er sich denn am frühen Morgen auf Jagd und hatte sehr bald die Fährte eines Elands entdeckt. Er folgte ihm und trieb das schöne Wild vor sich her, um es zu ermatten. Diesmal aber wollte ihm der Lauf nicht mehr so recht gelingen; er war bald außer Atem, weil ihn der Hunger quälte. Seit zwei Tagen hatte er nichts gegessen als nur einen Schluck Wasser. Hätte die Frau ihm doch wenigstens einige Knollen gelassen, dann würde ihm der Lauf nicht so schwer fallen. Sein Magen schwabberte hin und her, so hungrig war Nuisa. Deshalb band er ein festes Grasseil um den Leib, den Magen einzuschnüren. So ging das Laufen etwas leichter. Trotzdem konnte er gar nicht so recht von der Stelle kommen, und die Tiere der Wildnis blickten ihm erstaunt nach.

„He, Nachbarn!“ rief ein Erdmännchen und setzte sich auf seinen buschigen Schwanz, um dem davoneilenden Buschmann besser nachschauen zu können, „he, Nachbarn, habt ihr ihn gesehen, den Buschmann Nuisa? Was ist mit ihm los? Er keucht ja wie ein gehetztes Tier, er läuft nicht mehr so leicht wie früher. Er wird Mühe haben, das Eland zu erlegen“.

„Jaja, so ist es“, bestätigten die Nachbarn und richteten sich gleichfalls auf, „er scheint ermattet zu sein, der Jäger Nuisa. Seht doch, wie sein Leib eingeschnürt ist. Nur einer, der starken Hunger hat, muss seinen Leib so einschnüren, um das Schwabbern des Magens zu verhindern. So ist es, Nuisa ist schwach vor Hunger“.

Nuisa achtete nicht auf dies Getuschel an der Pad, sondern lief weiter hinter dem Eland her. Nach Buschmannsart trieb er es immer weiter über das Veld, gönnte ihm keine Rast; es konnte weder äsen noch sich an einem Vley erfrischen und wurde dadurch immer schwächer. So gelang es Nuisa, der selbst am Ende seiner Kräfte war, noch vor Sonnenuntergang das schöne Tier zu erledigen. Er schnitt eine Keule aus der Beute und eilte damit frohlockend zu seiner Werft zurück. „Jetzt wird sie sehen, dass ich ein tüchtiger Jäger bin, und jetzt wird sie auch erkennen, dass ich sie liebe, weil ich ihr soviel schönes Fleisch bringe, obschon ich seit langer Zeit hungrig bin und sogar meinen leeren Magen einschnüren musste, um überhaupt laufen zu können. Ja, das wird sie erkennen". Frau Giesgram aber warf nur einen flüchtigen Blick auf die schöne Elandkeule und keifte: „Ha, mit einer Keule kommst du an! Habe ich dir nicht befohlen, mir das Herzfett der Antilope zu bringen? Wo hast du es gelassen, das Herzfett des Elands? Wem hast du es geschenkt. Sprich!" Da erkannte der Jäger Nuisa, dass er vor lauter Freude über die gelungene Jagd ganz und gar das Herzfett des Elands vergessen hatte. Obschon es ein weiter Weg war bis zur Jagdbeute, lief er wie gehetzt nochmals dorthin, um das Herzfett des Elands zu holen. Sein Hunger war inzwischen unerträglich geworden, und er musste ein zweites Grasseil um seinen Leib schnüren, so sehr schwabbelte wieder der leere Magen. Mit Sehnsucht dachte er an die schöne Keule. Gewiss saß jetzt Oukoi, sein Eheweib vor der Hütte und briet das Fleisch, und bald würde er wieder bei ihr sein mit dem Herzfett des Elands, und dann endlich, als Belohnung, ein großes Stück der gebratenen Elandkeule erhalten. Bei diesem Gedanken lief ihm das Wasser im Mund zusammen, und er stellte sich vor, wie ihm das Fleisch schmecken würde. Er konnte ja nicht in die Ferne schauen und nicht wissen, dass zu dieser Stunde die Keule bereits gebraten und restlos verzehrt war. Die gefräßige Griesgram hatte alles Fleisch gegessen, und die Geier, die alles aus großer Höhe beobachtet hatten, sprachen untereinander: „Seht, da läuft er, der Jäger Nuisa. Er holt das Herzfett des Elands für sein zänkisches Weib. Er selbst aber ist am Unterleib und in der Magengegend ganz dünn vor Hunger, während sie bereits die ganze Keule verzehrt hat. Er ist zu bedauern, der Jäger Nuisa, weil er ein zänkisches Weib hat. Er selbst ist ein guter Buschmann, der immer viel Beute machte und uns Aasgeiern manches zurückließ". Ein Stachelschwein lachte über den keuchend dahineilenden Nuisa, aber ein Marabu, der still und weise in der Nähe eines Vleys stand, tadelte den Spötter: „Lache ihn nicht aus, Stachelschwein, ihm hat der Allmächtige ein schweres Schicksal auferlegt, als er ihm Oukoi zum Weibe gab. Nichts ist schlimmer und gefährlicher für einen tapferen Mann, als ein faules und zänkisches Weib, denn ihre böse Zunge ist schärfer als der spitzeste Speer und giftiger als der giftigste Pfeil. Mit der Niedertracht ihrer Zunge vermag sie die Kraft des stolzesten Mannes zu brechen und seinen Mut zu lähmen. Dies sage ich, Marabu, der Weise“.

Neben dem Eland stand bereits die gierige Hyäne und wartete, und aus der Ferne kamen Schakale und Geier. Nuisa schnitt das Herzfett heraus und eilte damit in seine Werft zurück. Die Frau nahm das Herzfett an. „Endlich bist du da“, schrie sie, indem sie das leckere Fleisch zum Braten aufspießte, „ich bin schon ganz schwach vor Hunger. Zwar habe ich die Keule gegessen, aber was ist schon eine Keule; mir fehlte das Herzfett. Nun ja, jetzt ist es da, und du wirst sehen, wie es mir mundet, dies soll deine Belohnung sein“. Nuisa wollte sich ans Feuer setzen um endlich auszuruhen, aber sie jagte ihn hoch. „Was willst du Faulpelz hier am Feuer! Siehst du nicht, dass die Kalebassen wieder leer sind und das Feuer fast niedergebrannt? Steh auf, Nuisa, hole Wasser und Holz und eile, aber rasch!“

Der abgehetzte Buschmann Nuisa tat wie ihm geheißen, denn er fürchtete sich vor seiner keifenden Frau. Er ging hinaus zur Wasserstelle, und während er da stand, flehte er zu Gott und sprach: „Schon oft habe ich dich gebeten, mich in ein Tier zu verwandeln, weil ich die Mühsal des menschlichen Lebens nicht mehr ertragen kann, besonders nicht an der Seite meiner zänkischen Frau, die mit ihrer Zunge giftiger ist als eine Mamba. Lass jetzt ein Wunder geschehen, Herr, und verwandle mich in ein Tier, denn ich habe lange genug gelitten“.

Der Herr vernahm diese Worte und hatte Mitleid mit dem armen, geplagten Jäger Nuisa, und machte aus ihm ein Tier mit einem enggeschnürten, schmalen Leib, kräftigen Laufbeinen, breiter Brust und langem Hals. Dieses Tier nannte der Herr Giraffe. Deshalb haben alle Giraffen bis zum heutigen Tage den ängstlich nach allen Seiten sichernden Kopf, weil sie Ausschau halten nach Oukoi, dem bösen Weib. Und deshalb laufen die Giraffen mit nach vorne gebeugtem Körper, weil Nuisa auf seinen Jagden und auf der Suche nach dem Herzfett des Elands so vorgebeugt loshetzen musste. Und deshalb ist auch die Giraffe ein ängstliches, stets scheues Tier geblieben.

Der Marabu aber steht nachdenklich und schweigt, denn er weiß mehr als alle Buschleute und alle Tiere der Wildnis, weil der Schöpfer ihn klug und weise erschaffen hat.

Wie die kluge Mamba eine Wasserstelle fand

Die Mamba und die Puffotter waren gemeinsam auf Jagd gegangen und hatten ein Eland erlegt. Soviel Jagdglück konnten die beiden nicht für sich behalten, zumal es ihnen unmöglich gewesen wäre, das viele Fleisch allein zu verzehren.

Deshalb eilte die flinke Mamba zu ihrem Klan zurück, um alle Mambasippen einzuladen. „Kommt her, ihr Mambaleute!“ rief sie. „Zusammen mit meiner Freundin Puffotter habe ich ein Eland erlegt, und ihr alle sollt teilhaben am Festschmaus“. Dies hörten die Mambasippen und machten sich sofort auf den Weg. Im Vorbeigehen lud die Mamba auch die Puffottersippen ein mitzukommen, um an der Beute teilzunehmen. So sah man denn eine große Menge Schlangen aus den Sippen der Mamba und Puffottern zur Beutestelle eilen. Es war ein langer, mühsamer Weg bis dorthin, aber schließlich waren sie alle um das erlegte Eland versammelt, und die Gefährtin der Mamba teilte die Fleischbissen aus, sodass ein jeder genügend davon bekam und satt werden konnte.

Zwei Tage lang schmausten sie, und da stellte sich allmählich der Durst ein. „Weh uns“, klagten die Gäste, „jetzt leiden wir schon großen Durst, weil wir zu viel von diesem guten, fetten Fleisch gegessen haben, wir leiden grässlich unter Durst, und ständig wird unsere Qual zunehmen. Dabei gibt es hier weit und breit keine Wasserstelle. Was werden wir beginnen um eine Wasserstelle zu finden?“

„Es ist unmöglich, hier eine Wasserstelle zu finden“, seufzten die jüngeren Mitglieder der Mambasippe. Sie hatten sich besonders gierig auf das fette Fleisch gestürzt und lagen da übersatt, kaum mehr fähig sich zu bewegen. „Jaja, das wird unser Tod sein“, seufzten sie und blinzelten in die heiße Sonne.

„So geschieht es, wenn man zu gierig auf Fleisch ist“, tadelten die älteren Schlangen. „Wir sind sofort aufgebrochen, um das viele, schöne Fleisch zu essen und haben dabei nicht an den nachfolgenden Durst gedacht. Wir hätten bedenken müssen, dass jede Schlange träge wird und fast unfähig einer Bewegung, wenn sie allzu viel Nahrung zu sich genommen hat. Wir hätten daheim in unserer Werft alle Wassergefäße füllen müssen, dann könnten wir jetzt genießen und in Ruhe das viele, schöne Fleisch verdauen, so aber müssen wir hier elend umkommen“ .

„Ja, wir müssen hier elend umkommen!“ riefen einige der jüngeren Schlangen wieder und stürzten sich auf die Mamba. „Du hast uns hierher geführt, du hast uns an dieses viele Fleisch gelockt, nun sieh zu, wie du uns Wasser beschaffst, sonst – –“

Sie zischten und sperrten ihre gefährlichen Rachen auf, und die Mamba bangte um ihr Leben. Was blieb ihr anders übrig als hier einen Ausweg zu finden. Sie musste, koste es was es wolle, Wasser herbeischaffen. Aber woher? Die Wasserstelle der Schlangen war weit weg.

„Hört zu, ihr Leute!“ rief die Mamba. „Es ist wahr, dass ich euch zu diesem Fest gebeten habe, aber ich kann nicht dafür, wenn ihr jetzt Durst leiden müsst, denn ihr habt ja selbst nicht daran gedacht Wasser mitzubringen, also könnt ihr mir keinen Vorwurf machen. Warum sollen wir uns zanken, jetzt, da uns der Tod des Verdurstens bevorsteht? Was wir jetzt müssen, das ist eine Wasserstelle finden, die nächste Wasserstelle in dieser Gegend. Irgendwo in der Nähe muss Wasser sein, aber wo? Es kommt jetzt darauf an, diese Quelle rechtzeitig zu finden“.

„Jaja, so ist es!“ riefen alle Schlangen. „Aber wo können wir die Wasserstelle suchen, in welche Richtung sollen wir gehen? Wir sind doch alle so träge vom vielen Fleisch“.

„Lasst mich einen Augenblick nachdenken, ich werde schon einen Rat finden“, sagte die Mamba. Mit diesen Worten rollte sie sich auf einer warmen Klippe zusammen und verharrte ganz still. Die anderen Schlangen lagen ringsum und wagten keine Bewegung vor lauter Ehrfurcht, weil die Mamba so angestrengt nachdachte. Plötzlich schnellte die Mamba empor und rief: „Ich hab‘s! Hört zu, ihr Schlangen, ich weiß jetzt, wie wir an Wasser kommen werden. Es liegen so viele Knochen hier herum. Ihr wisst ja, dass die Hyäne diese Knochen als Festmahlzeit betrachtet. Nun gut, sie soll die Knochen haben. Tragt die Knochen etwas abseits, und bald wird ihre Witterung die Hyäne herbeilocken“.

Die erstaunten Schlangen taten wie geheißen. Dann winkte die Mamba ihre Tochter herbei und sprach zu ihr: „Meine kleine Mamba-Tochter, du bist klug und flink, wie eine Schlange zu sein hat. Deshalb wirst du mit einer großen Aufgabe betraut. Hier, meine flinke Tochter, hier sind die Straußeneierschalen, die uns sonst als Trinkgefäße dienen, und hier ist der Straußenbalg, in dem man einen großen Wasservorrat aufbewahren kann. Tue die Eierschalen hinein und binde dir den Straußenbalg fest um den Leib“. Die erstaunte Mamba-Tochter tat, wie geheißen. Dann gab ihr die Mamba-Mutter einen Dolch in die Hand und wickelte sie zusammen mit dem Straußenbalg und den Eierschalen in einen weiten Fellumhang.

Die flinke Tochter der Mamba begriff ihre Aufgabe und versprach, alles getreu zu erfüllen. Die Schlangen trugen das Bündel hinaus und legten es neben die Knochen, aber außer Wind, sodass die witternde Hyäne es nicht sofort bemerken konnte, sondern zuerst an die Knochen gehen musste. Daraufhin zogen sich alle Schlangen in das Gebüsch zurück und warteten auf die kommenden Ereignisse. Es dauerte nicht lange, da kam die Hyäne, angelockt von der leckeren Knochenwitterung. Sofort begann sie mit dem Schmaus und verschlang Knochen um Knochen, bis sie ganz gesättigt war. Sie wollte weggehen, da sah sie noch den Fellumhang und vermutete darin ein besonderes leckeres Stück Fleisch. „Ha, diesen guten Happen werde ich mir auf keinen Fall entgehen lassen", sagte sie schmunzelnd, „aber ich bin jetzt so satt geworden, dass ich nichts mehr hinunterkriegen kann. So werde ich mir diesen Fund mitnehmen, um ihn später zu verzehren".

Sie packte das Bündel und trabte damit zu ihrer Wasserstelle. Es war ein Vley, das ganz in der Nähe lag, aber nur der Hyäne bekannt. Damit hatte die kluge Mamba gerechnet; sie hatte gewusst, dass die vom guten Fraße durstig gewordene Hyäne sofort zur nächsten Wasserstelle traben würde. Durstig lefzte die Hyäne am frischen Quell, nachdem sie ihren vermeintlichen Leckerbissen neben sich auf den Boden gelegt hatte. Während sie trank, kroch die Mamba-Tochter aus dem Fellumhang und stellte sich angriffsbereit auf. Die Hyäne drehte sich um und wollte gerade in das Fellbündel beißen, da spürte sie einen stechenden Schmerz in der Seite; die Mamba-Tochter hatte ihr den Dolch in die Flanke gestoßen, und die verletzte Hyäne hinkte klagend hinaus in die Wildnis.

Nun wickelte die Mamba-Tochter alle Eierschalen aus dem Straußenbalg und füllte sie mit Wasser. Auch den Balg selbst füllte sie, bis er ganz prall war, und dann eilte sie mit ihrer Wasserlast zurück zu den Schlangen, ließ sie trinken und zeigte ihnen den kürzesten Weg zur Wasserstelle. Alle tranken und eilten dann zur Wasserstelle, um ihren Durst nochmals zu löschen. Sie priesen die Klugheit der Mamba, die ihnen so rasch das viele und herrliche Wasser besorgt und die Sippen der Schlangen vor dem Verdursten bewahrt hatte.

Der Fluch des großen Zauberers Naua

Ganz am anderen Ende der großen Wildnis, dort, wo keine Menschen mehr hinkommen, lebte einst der große Zauberer Naua mit seiner Frau und seinem einzigen Kinde. Auch seine Schwiegermutter wohnte bei ihm. Naua war nicht nur ein großer Zauberer, sondern auch ein geschickter Jäger. Oft ging er fort und kehrte mit erlegten Tieren heim. Sein Söhnchen verlangte oft mitgenommen zu werden, aber Naua beschwichtigte ihn: „Mein kleiner Junge, du bist noch viel zu klein, um mitzugehen. Deine Beine sind noch zu kurz, und dein Atem ist noch zu schwach. Niemals wirst du es in deiner Jugend fertig bringen, die flinken Tiere zu hetzen und zu erlegen. Warte nur, mein Sohn, bald bist du groß, und dann wird dein Vater dich mitnehmen auf die Jagd im weiten Veld“.

Um sich zu trösten und gleichzeitig nützlich zu machen, begleitete der Junge seine Mutter und Großmutter, wenn die beiden Frauen auf Veldkostsuche gingen. Er stellte viele Fragen, und die geduldige Großmutter gab immer Antwort. Sie war ja alt und erfahren und wusste so schöne Geschichten zu erzählen über Menschen und Tiere. Und eines Tages neigte sie sich zum Kleinen herab und flüsterte ihm ins Ohr: „Dein Vater ist ein großer Zauberer und kann allen Menschen Freude oder Leid bescheren, wie er will und wie es ihm passt“. Der Kleine betrachtete von diesem Tage an seinen Vater mit banger Scheu.

Da kam die Zeit, da der Zauberer wieder in das Land der Menschen musste, um ihnen Freude oder Leid zu bescheren, so wie sie es verdient hatten. Er verabschiedete sich von seiner Familie. „Ich werde lange wegbleiben“, sagte er, „achtet auf meinen kleinen Sohn“. Mit diesen Worten verließ er seine Grashütte und ging auf die Reise. Die Frau musste auf Veldkostsuche gehen, während der Kleine bei der Großmutter zurückblieb. Die Sonne neigte sich schon wieder der Erde zu, aber die Mutter war noch nicht von der Veldkostsuche zurück. „Großmutter, ich habe Hunger“, quäkte der Kleine.

„Warte noch eine Weile“, beschwichtigte ihn die Großmutter, „deine Mutter wird bald zurückkommen und uns viele gute Veldkost bringen, vielleicht sogar leckere Uintjies“.

„Ich will Uintjies haben“, quälte der Junge, „sofort will ich Uintjies haben, jetzt sofort“. Da blieb der Großmutter nichts übrig als den Grabstock zu nehmen und hinaus zu gehen, um Uintjies zu suchen, weil der Junge doch so sehr quälte. Sobald sie den Grabstock in den Boden steckte und eine Uintjie bloßlegte, stürzte sich der Junge gierig darauf. „Du darfst dich nicht so gierig auf die Uintjies stürzen“, ermahnte ihn die Großmutter, „wie leicht könnte ich dich mit dem Grabstock verletzen“. Er aber hörte nicht auf die alte Frau, sondern sprang immer wieder hinzu und bückte sich vor dem Grabstock, ja, er griff in die Erde, noch ehe der Stock darin wühlte. Und so kam es, dass die Großmutter, ohne es zu wollen, das Kind mit dem Grabstock durchstach. „Weh mir!“ rief sie voller Entsetzen. „Ich bin die unglücklichste aller Frauen, denn ich habe meinen einzigen Enkel getötet. Ach, warum hast du dich so gierig nach den Uintjies gebückt und bist mir vor den Grabstock geraten, du armes Kind“. Sie setzte sich neben das blutende Kind und wusste vor Schrecken nicht ein noch aus. Bald hielt sie mit der Hand die klaffende Wunde zu, um den Blutstrom zu hemmen, bald nahm sie das Kind in die Arme und erzählte ihm Geschichten über seinen Vater, der ein großer Zauberer war, bald legte sie es wieder hin und schaute es mitleidig an; aber alles nutzte nichts, das Kind starb.

Als die Alte nun die Leiche ihres Enkels vor sich liegen sah, wurde sie von schrecklicher Angst gepackt. Was konnte sie dem Vater sagen, der ein großer Zauberer war? Sie dachte nach und schleppte das tote Kind auf ihren Armen, und da kam sie auf einen Einfall, den sie als glücklich pries: „Ich werde das Fleisch verzehren“, sagte sie, „ich werde das Fleisch verzehren und dann wird niemand die Leiche finden, auch der Vater nicht, der ein großer Zauberer ist, und niemand wird mich strafen können, weil das Kind unter meinem Grabstock verblutete“. Diese Lösung schien ihr für den Augenblick wohl die beste. Sie legte einen Holzklotz auf das Lager des Kindes und deckte ihn mit Fellchen zu. „So, nun wird die Mutter oder gar der heimkehrende Vater diesen Klotz für das schlafende Kind halten“, dachte sie und vergaß ihre grässliche Angst. Jetzt konnte sie sich vollständig dem Genuss des Fleisches hingeben. Sie verzehrte rasch das zarte, gebratene Fleisch ihres Enkels und warf die Knochen hinaus in das Veld, der Hyäne zum Fraße. Gerade würgte sie den letzten Bissen hinunter, als die Mutter mit einem prallen Sack Knollen heimkam. Verwundert blickte sie auf die kauende Alte. „Ei, wie köstlich duftet es hier nach Braten!“ rief sie. „Du hast Fleisch gegessen, Mutter, sag‘ an, woher hast du das Fleisch?“

,,Ich war im Veld auf der Suche nach Knollen und kam an die Rissstelle des Leoparden“, log die Alte, „und dort habe ich ein Steinböckchen gefunden. Es ist mir gelungen, den Leoparden mit dem Grabstock zu verscheuchen, so konnte ich ihm das ganze Tier noch abnehmen. Da ich kräftigen Hunger verspürte, habe ich es sofort gebraten und gegessen".

„So, so", sagte die Mutter misstrauisch und legte Knollen auf das Feuer, um sie zu rösten, „hoffentlich hast du auch dem Kleinen etwas zu essen gegeben, sonst ist es höchste Zeit, dass er jetzt etwas bekommt. Wo ist er denn nur?"

Die Alte zeigte auf das Lager. „Aha, er schläft schon", sagte die Mutter, „aber was sehe ich? Er liegt ganz still, und ich höre seinen Atem nicht". Sie blickte auf das Lager, sie tastete hin und fand nicht das warme Gesicht ihres Kindes, sondern einen harten Holzklotz unter den Fellen. Da schrie sie entsetzt auf: „Wo ist mein Kind?" Die Alte antwortete nicht. „Wo ist das Fell des Steinböckchens von der Rissstelle des Leoparden?" schrie die Mutter. „Zeig mir sofort das Fell und die Knochen des Steinböckchens !"

Die Alte aber schwieg.

„Dann hast du mein Kind getötet!" jammerte die Mutter. „Du hast es nicht nur getötet, sondern auch noch gegessen!" Sie riss einen glühenden Ast aus dem Feuer und schlug damit verzweifelt auf das alte Weib, das heulend und jammernd in die beginnende Nacht hinaus flüchtete. In diesem Augenblick kam der Zauberer heim und erfuhr, was sich ereignet hatte. Er suchte die Witterung seiner Schwiegermutter in allen vier Windrichtungen, und als er sie gefunden hatte, schleuderte er der Alten einen Bannfluch nach. Die unglückliche alte Frau aber wagte sich niemals mehr unter die Menschen. Allein und gepeinigt von der Erinnerung an ihre Missetat lebte sie in der Einsamkeit und musste sich ihre Nahrung suchen. Hin und wieder gelang es ihr, einen Springhasen zu erlegen, aber während sie ihn über den glühenden Kohlen briet, sprang das Tier auf und entfloh, oder es nahm die Gestalt des toten Enkelkindes an, sodass die entsetzte Frau schreiend davoneilte. Es gelang ihr, so manches Tier zu erlegen, aber niemals konnte sie mehr Fleisch essen, denn immer wieder nahm das Fleisch die Gestalt ihres Enkelkindes an, oder es floss soviel Blut von dem Braten, dass es sogar das Feuer löschte. Manchmal aber blieb es so zäh, dass sie es einfach nicht beißen konnte. So sehr sie sich auch abmühte, Veldkost zu suchen, sie fand keine mehr. So blieb das Fleisch des Kindes ihre letzte, ihre allerletzte Mahlzeit. An dem Fluch des Zauberers musste sie einige Tage später elend zu Grunde gehen, vor Hunger und Reue über ihre Missetat.